알·록·달·록

마노의 일러스트 자수

실과 바늘로
그리는
나만의 작품

알록달록 마노의 일러스트 자수

2020년 10월 20일 1판 1쇄 인쇄
2020년 10월 27일 1판 1쇄 발행

지은이 류승희(마노자수)
펴낸이 이상훈
펴낸곳 책밥
주소 03986 서울시 마포구 동교로23길 116 3층
전화 번호 02-582-6707
팩스 번호 02-335-6702
홈페이지 www.bookisbab.co.kr
등록 2007.1.31. 제313-2007-126호

기획 권경자
진행 기획부 한혜인
디자인 디자인허브

ISBN 979-11-90641-23-4 (13630)
정가 18,000원

이 책은 저작권법에 따라 보호받는 저작물이므로 무단전재와 무단복제를 금합니다.
이 책 내용의 전부 또는 일부를 사용하려면 반드시 저작권자와 출판사에 동의를
받아야 합니다.

책밥은 (주)오렌지페이퍼의 출판 브랜드입니다.

이 도서의 국립중앙도서관 출판예정도서목록(CIP)은 서지정보유통지원시스템 홈페이지
(http://seoji.nl.go.kr)와 국가자료종합목록시스템(http://www.nl.go.kr/kolisnet)에서 이
용하실 수 있습니다. (CIP제어번호 : CIP2020042670)

알·록·달·록
마노의 일러스트 자수

실과 바늘로
그리는
나만의 작품

류승희(마노자수) 지음

책밥

prologue

성취감이 필요한 시기에 만난 프랑스 자수가 제 삶을 조금씩 바꿔 놓더니 이렇게 책까지 출판하게 되었네요. 프랑스 자수는 바늘과 실로 그리는 그림이라고 생각합니다. 색색깔의 실들이 나의 손끝에서 그림 같은 작품이 되는 과정을 보며 커다란 성취감을 얻곤 합니다. 수놓는 시간 동안 오롯이 바늘과 실에만 집중하다 보면 여러 가지 잡념도 잊게 되지요. 이렇듯 프랑스 자수는 스스로 무언가를 해냈다는 자신감과 함께 걱정거리를 잊게 해주는 것이 큰 매력이라 생각합니다. 덕분에 4년간 자수를 취미로 두며 저는 조금 더 단단한 사람이 된 것 같아요.

반복되는 잔잔한 일상에서 작게나마 뭔가를 이루고 싶다면 이 책을 곁에 두고 자수의 세계에 빠져보길 추천합니다. 처음에는 바늘에 손도 찔릴 테고, 엉킨 실을 풀어야 하는 일도 생길지 모릅니다. 하지만 단번에 포기하지 않는다면 한 땀, 두 땀이 쌓여 금세 실력이 느는 것이 눈에 보이는 매력적인 취미랍니다. 작품 하나만 완성해보자는 생각으로 시작해보시길 바랍니다.

저는 자수의 소재를 일상에서 만나는 모든 것에서 찾곤 합니다. 아침에 마시는 커피 한 잔, 길가에 핀 꽃 한 송이, 귀여운 내 아이... 일상에서 마주한 장면을 자수로 소개해 친근한 책을 완성하고자 했습니다. 하나의 작품에 많은 도안을 담았기 때문에 요소들을 따로 떼어 수놓기에도 좋습니다.

자수하는 동안 이 책을 곁에 두고 활용할 수 있도록 우선 맨 처음에는 '수틀과 보빈 책갈피(40쪽)'를 만들어보세요. 직접 만든 책갈피를 바라보며 작업하면 자신감이 충전될 거예요. 그다음으로는 '동물 알파벳 포스터(120쪽)'의 동물 한 마리, '열두 달 꽃 액자(232쪽)'의 꽃 한 송이 등을 수놓으며 작은 도안을 완성했을 때의 성취감을 느껴보시길 바랍니다. 조금 더 익숙해지면 전체적인 챕터 순서대로 큰 도안에도 도전해보세요. 나아가 수놓은 원단으로 다양한 소품도 만들어보면 어느새 프랑스 자수 덕분에 한 뼘 더 포근한 일상을 보내게 된답니다.

2020년 가을, 마노자수 류승희

contents

Intro.
프랑스 자수의 기초

프랑스 자수 준비물 010

수틀에 원단 끼우기 014

보빈에 실 감기 015

바늘에 실 끼우기와 매듭 짓기 015

원단에 도안 옮기기 017

완성 후 매듭 짓기 018

세탁과 다림질하기 019

- 이 책을 볼 때 참고하세요! 020
- 종종 등장하는 바느질 용어를 알아두세요! 022

Chapter 1

기초 스티치로 쉽게 만드는
평면 자수

×××

이번 장에서 주로 사용하는
10가지 스티치

스트레이트 026 / 러닝 스티치 027 / 아웃라인 스티치 028 / 백 스티치 030

체인 스티치 031 / 휘프트 체인 스티치 034 / 프렌치넛 스티치 035

새틴 스티치 036 / 플랫 스티치 037 / 플라이 스티치 038

작품

1. 수틀과 보빈 책갈피 040
2. 팔레트 티 코스터 046
3. 홈카페 키친클로스 054
4. 식물 그림을 품은 캔버스 액자 060
5. 바늘케이스와 핀 쿠션 066

· Chapter 2 ·

밀도 있게 채우는
평면 자수

×××

**이번 장에서 주로 사용하는
9가지 스티치**

스플릿 스티치 076 / 리프 스티치 078 / 피스틸 스티치 079

레이지데이지 스티치 080 / 버튼홀 스티치 082 / 롱앤숏 스티치 084

블리온 스티치 086 / 블리온 레이지데이지 스티치 087 / 비즈 달기 088

작품

1. 꽃자수 손거울 090
2. 과일 린넨 장바구니 096
3. 숲속 피크닉 브로치 102
4. 생일케이크 카드 108
5. 수영장 지퍼 파우치 114
6. 동물 알파벳 포스터 120
7. 명화가 새겨진 여권케이스 128

Chapter 3

볼륨감으로 멋을 더하는
입체 자수

×××

이번 장에서 주로 사용하는
7가지 스티치

캐스트온 스티치 136 / 터키 스티치 139 / 우븐피콧 스티치 141

롤 스티치 142 / 버튼홀 변형 스티치 143 / 태슬 만들기 144 / 태슬 달기 145

작품

1. 꽃구름과 아기곰 모빌 146
2. 입체 꽃 자석 154
3. 화장품 지퍼 파우치 160
4. 인어공주 키링 166
5. 진주를 품은 조개 동전지갑 172
6. 카네이션 용돈봉투 180

· Chapter 4 ·

원단을 덧대 더욱 다채롭게!
아플리케 자수

×××

**이번 장에서 주로 사용하는
2가지 스티치**

카우칭 스티치 188 / 아플리케 189

작품

1. 크리스마스 트리 포스터 192
2. 그린 하우스 에코백 200
3. 태양계 포스터 206
4. 편안한 침실 액자 212
5. 커피를 부르는 수틀 액자 218
6. 작업실 풍경 자수 도구함 224
7. 열두 달 꽃 액자 232

• Intro •
프랑스 자수의 기초

프랑스 자수 준비물

✕ 프랑스 자수를 시작할 때 기본적으로 구비해 두어야 할 준비물을 소개합니다. 바늘과 실의 종류부터 자수용 원단의 특성까지 차근차근 알려드릴게요.

❶ 수틀

자수를 할 때 원단을 고정해 주는 틀입니다. 원단은 울지 않도록 최대한 팽팽하게 당겨 고정하며 수틀의 나사는 최대한 조여 사용합니다. 종류는 나무 수틀, 고무 수틀, 플라스틱 수틀 등 다양한 재질이 있으며, 크기도 다양해요. 책에서는 주로 지름 10cm, 12cm 크기의 나무 수틀을 사용했습니다. 지름 20cm가 넘는 크기의 수틀은 한 손으로 잡기 힘들어 일반적인 경우에는 잘 사용하지 않고, 주로 큰 면적의 도안을 채울 때나 액자 대용으로 씁니다.

❷ 자수 가위

실을 자를 때 사용하는 가위로 일반 가위보다 끝이 뾰족하고 길쭉합니다. 수를 잘못 놓았을 때 실을 뜯는 역할도 할 수 있도록 자수할 때는 얇고 뾰족한 가위를 사용하세요.

❸ 가위

원단, 펠트지 등 다양한 부재료를 자를 때 사용합니다.

❹ 프랑스 자수용 바늘

프랑스 자수용 바늘은 바늘귀가 길고 가는 것이 특징이며, 호수가 커질수록 바늘이 얇아집니다(3호가 가장 굵고 9호가 가장 얇습니다). 이 책에서는 '크로바' 브랜드의 바늘을 사용하였습니다. 크로바 바늘집 겉면에 바늘 호수에 따른 실 가닥수 사용법이 나와 있으니 초보자분들은 자수할 때 참고해보세요.

❺ 자수실

DMC사, 앵커사: DMC사와 앵커사는 프랑스 자수를 할 때 가장 많이 사용하는 면실입니다. 실 이름 뒤에 숫자가 붙는데 이는 굵기에 따라 달라집니다. 굵어질수록 숫자는 작아지고, 얇아질수록 숫자는 커집니다. DMC사와 앵커사 모두 25번사가 가장 일반적으로 사용됩니다. 두

【바늘 호수별 추천 가닥수】

바늘 호수	가닥수
3	6
4	5~6
5	4~5
6	3~4
7	2~3
8	1~2
9	1

가지 실 중에서는 DMC사가 좀 더 대중적이며 가볍고 발랄한 느낌이 듭니다. 그에 비해 앵커사는 차분하고 톤이 다운되어 보이는 특징이 있습니다. 접혀있는 형태의 실을 펼쳤을 때 총 길이는 약 8m이며, 6줄이 꼬여있는 형태로 필요한 길이로 잘라 필요한 가닥수 만큼 1줄씩 뽑아 사용하면 됩니다.

애플톤 울사: 100% 울로 만들어진 실로 촉감이 부드럽고 보송보송합니다. 가닥을 나누지 않고 1줄 자체로 사용합니다.

메탈사: 반짝이는 실로 DMC사, 앵커사와 마찬가지로 6줄이 꼬여있으니 필요한 가닥수 만큼 뽑아 씁니다. 질감이 빳빳하기 때문에 바늘에 꿰었을 때 잘 꺾이고 실의 겉면이 쉽게 벗겨집니다. 따라서 20~30cm 정도로 짧게 잘라 사용합니다.

디아망뜨 메탈사: 일반 메탈사보다 좀 더 고급스러운 광이 나는 실입니다. 일반 메탈사와 달리 1줄 자체로 씁니다.

덴마크 꽃실: 25번사 1줄보다 살짝 더 두꺼운 면사입니다. 부드럽고 매트한 컬러로 일반 자수실과 확연히 다른 분위기를 연출할 수 있습니다.

레이온사: 광택이 있는 실로 매우 부드럽고 매끄러워 바늘에서 잘 빠지는 특징이 있습니다. 따라서 수를 놓으며 실을 당길 때 꼭 바늘과 함께 잡고 당겨주세요. 다루기가 까다로우니 메탈사와 마찬가지로 20~30cm로 짧게 잘라 사용합니다.

❻ 원단 먹지
도안을 원단에 옮길 때 사용하는 종이입니다. 먹지는 주로 파란색을 사용하는데 원단의 색에 따라 흰색, 분홍색 중 골라 사용해도 됩니다. 어두운 원단이라면 흰색 먹지를 사용합니다. 일반 먹지와 다르게 물에 쉽게 지워지는 것이 특징이니 손에 땀이 많은 분들이라면 중간중간에 도안이 지워지지 않았나 확인해주세요.

❼ 접착 펠트지
자수 소품을 만들 때 지저분한 뒷면을 가리기 위해 사용합니다.

❽ 원단 심지

원단 앞쪽이나 뒤쪽에 덧대는 종이입니다. 여러 가지 종류가 있는데, 책에서는 부드러운 실크 심지와 약간 힘 있는 심지, 아플리케를 위한 양면 접착 심지를 사용했습니다.

❾ 비즈

구멍 뚫린 작은 구슬로 자수에 포인트를 줄 때 사용하며 크기와 색이 굉장히 다양합니다. 씨앗(seed)처럼 작은 씨드 비즈는 구멍이 작으므로 원단에 고정할 때 가느다란 9호 바늘을 사용하세요.

❿ 올풀림 방지액

약간 끈적한 느낌의 투명한 용액으로 아플리케(원단 위에 다른 원단이나 펠트지, 가죽 등을 잘라서 붙이는 기법)를 할 때 자른 원단의 올이 풀리지 않게 고정해 주는 역할을 합니다. 원단의 질감을 빳빳하게 만들고, 색을 진하게 하기 때문에 테두리에만 조심스럽게 바릅니다. 또한 냄새가 독하므로 많은 양을 사용하지 않도록 주의하며 충분히 말린 후 아플리케를 해주어야 합니다.

⓫ 다용도 접착제, 원단용 풀

브로치나 반제품(완제품의 재료로 쓰기 위해 기본 재료로 만든 중간 제품)을 자수 원단과 접착할 때 사용합니다. 마르면 투명해지기 때문에 부담 없이 사용하기 좋습니다.

⓬ 자수 원단

자수를 할 때 가장 많이 사용하는 원단은 11수 린넨입니다. 원단의 두께는 숫자가 커질수록 얇아지고 숫자가 작아질수록 두꺼워집니다. 원단이 너무 두꺼우면 바늘이 원단을 뚫기에 어렵고, 너무 얇으면 원단이 잘 울고 뒤쪽의 실이 많이 비치기 때문에 적당한 두께의 원단을 고르는 것이 중요합니다. 책에서는 주로 11수 린넨과 10수 워싱무명을 사용하였습니다. 이외에 면이나 옥스퍼드, 광목 원단도 많이 사용됩니다.

⓭ 수성펜

물에 지워지는 펜으로 원단에 도안을 직접 그리거나 원단 먹지에 그린 도안이 지워졌을 때 덧그리는 역할을 합니다.

⑭ 철필

원단에 도안을 옮길 때 사용하는 도구로 펜촉이 철로 되어 있습니다. 압력으로 자국을 내어 그림을 옮기는 원리입니다. 양쪽 끝이 뾰족한데, 둘의 두께는 다릅니다. 세심한 표현이 필요한 도안을 옮길 때에는 가느다란 쪽을 이용하세요.

⑮ 패브릭 마카

원단 위에 사용하는 사인펜입니다. 물에 닿아도 지워지지 않지만 손세탁할 때 세게 문지르면 색이 옅어집니다. 책에서는 넓은 면에 색을 쉽게 채우는 용도로 활용하였습니다. 지그와 모나미 패브릭 마카가 가장 대중적입니다.

⑯ 패브릭 물감

원단 위에 사용하는 물감입니다. 빨아도 지워지지 않지만 세게 빨면 물감이 조금씩 떨어져 나갈 수 있으니 과한 마찰은 가하지 않습니다. 일반 물감을 사용하듯 조금씩 짜서 붓으로 칠해줍니다. 책에서는 진한 색의 원단 위에 흰색 물감을 여러 번 칠해 어두운 면을 가리는 용도로 사용하였습니다.

수틀에 원단 끼우기

✕ 수틀에 원단을 끼우는 작업을 신경써서 해주세요. 팽팽하게 끼운 후 수를 놓아야 원단이 울지 않아 수의 결이 깔끔해집니다.

1 위쪽의 나사를 돌려 수틀의 안쪽 틀과 바깥쪽 틀을 분리합니다.
2 안쪽 틀을 수놓을 부분 아래에 놓고 원단을 올린 후 나사 있는 수틀을 원단 위에 끼웁니다.
3 원단을 당겨 팽팽하게 만들면서 나사를 최대한 조여주세요.

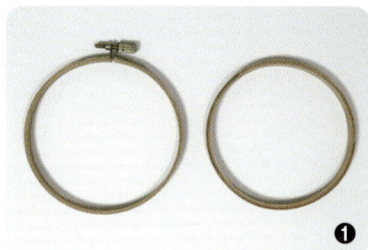
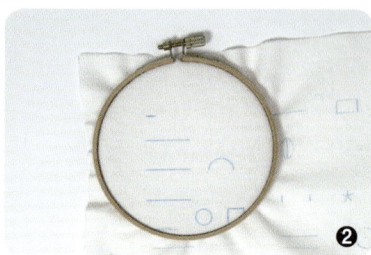

보빈에 실 감기

※ 실을 감아두는 실패를 보빈이라고 합니다. 실을 보빈에 감아두면 보관하기 쉽고, 사용할 때도 잘 엉키지 않아 편하답니다.

1. 타래실의 라벨을 벗긴 후 사진처럼 반으로 갈라 동그랗게 만들어주세요.
2. 타래실을 그대로 편한 쪽 손목에 끼워주고 다른 손으로 보빈을 잡습니다.
3. 실을 조금씩 당겨 빼면서 보빈에 감아줍니다. 이렇게 하면 실이 엉키지 않아 감기에 쉽습니다.
4. 고루 감아준 후 실의 끝 부분을 보빈 홈에 끼우고 실 번호를 적습니다.

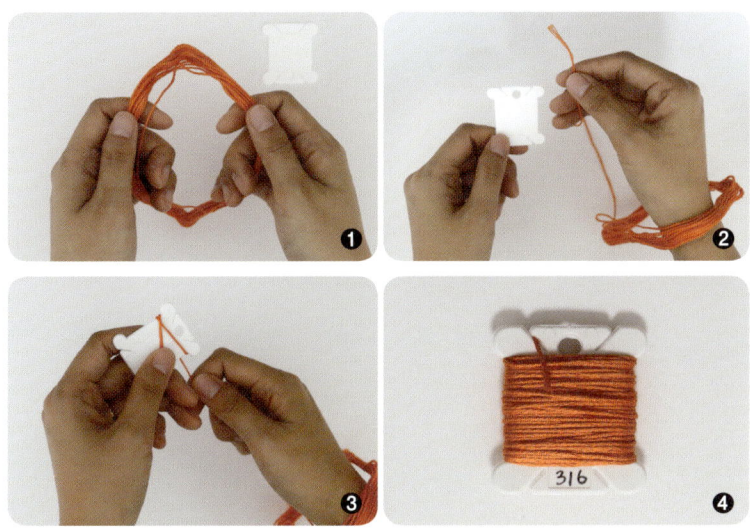

바늘에 실 끼우기와 매듭 짓기

※ 프랑수 자수용 바늘의 바늘귀는 매우 가늘기 때문에 실을 끼우기가 조금 어려울 수 있습니다. 쉽게 끼우는 노하우와 매듭 짓는 방법을 알려드릴게요.

1. 25번사를 50cm 길이로 자른 후 꼬여있는 6줄을 1줄씩 뽑아 3줄로 합칩니다. 한 번에 3줄을 뽑으면 실이 중간에 꼬이고 수놓을 때 결이 곱지 않으니 꼭 1줄씩 뽑은 후 합쳐주세요.
2. 한 손으로 바늘 몸통을 잡고 바늘귀쪽에 실을 걸어줍니다.
3. 바늘귀쪽에 실을 받치고 엄지와 검지로 꾹 눌러 접어줍니다. 바늘귀가 납작하기 때문에 실을 최대한 얇게 만드는 과정입니다.

4   두 손가락을 아주 살짝만 벌려 접은 실이 펴지지 않게 고정한 상태에서 바늘 귀에 실을 넣어줍니다.

5   접은 실을 쭉 뽑아서 한쪽이 10cm 정도의 길이가 되도록 합니다.

6   긴 부분의 실 끝을 검지에 올리고 실과 바늘이 십자(+) 모양이 되도록 바늘을 올립니다.

7   실을 바늘 위로 두 번 정도 감아줍니다.

8   감긴 실을 손가락으로 살짝 잡아 고정하고 바늘을 위로 살살 빼냅니다. 이렇게 하면 매듭이 생깁니다.

9   매듭을 벗어난 실이 1~2mm 길이가 되도록 자릅니다. 남은 실이 길면 자수 땀에 실이 엉키기 쉬우니 짧게 잘라주세요.

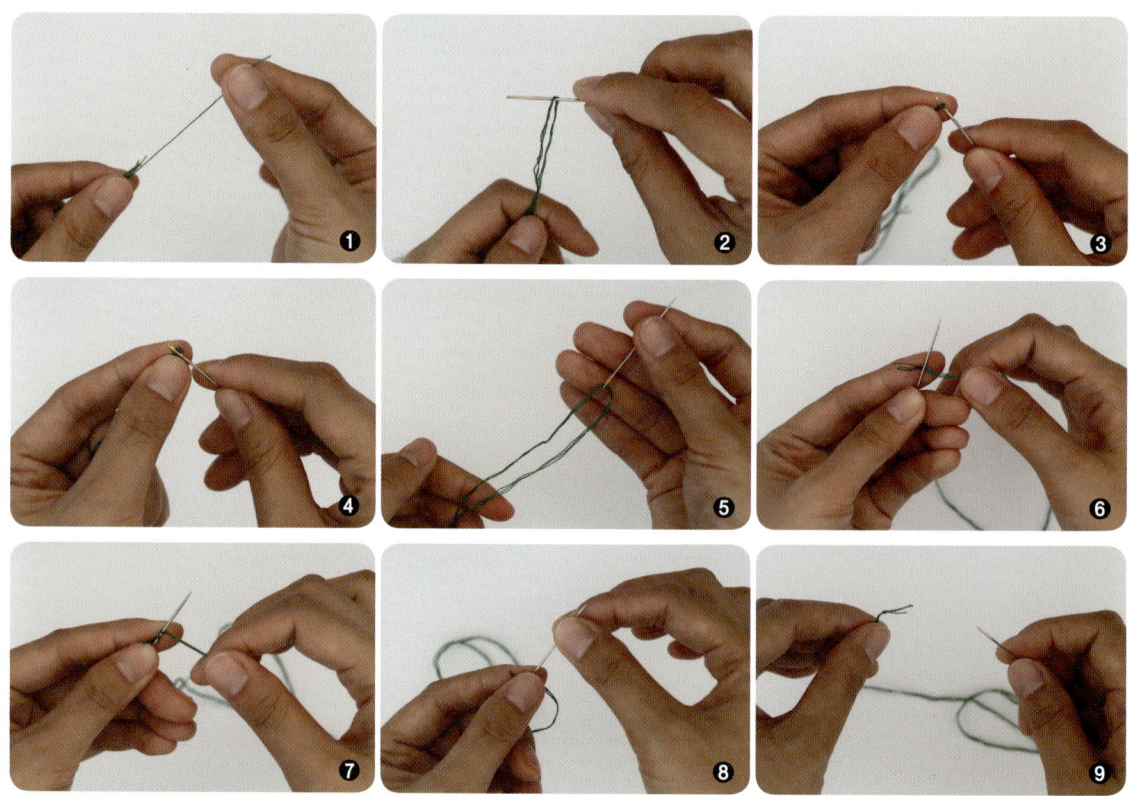

원단에 도안 옮기기

※ 기초 뼈대 공사와 같은 도안 작업을 잘해두어야 자수도 그에 맞춰 반듯하고 정갈하게 완성됩니다. 시간이 오래 걸리더라도 도안을 꼼꼼하고 정확하게 그려주세요.

1. 원단 위에 도안이 그려진 종이를 올려놓습니다. 시침핀으로 위쪽과 옆쪽을 찔러 종이와 원단을 함께 고정시킵니다. 도안이 클 경우 아래 부분도 고정해주세요.
2. 원단 먹지의 색지 부분을 아래로 향하게 하여 도안과 원단 사이에 끼워줍니다.
3. 철필을 이용해 도안을 따라 그려주세요. 직선은 자를 대고 반듯하게 그려줍니다.
4. 그리는 도중에 계속 들춰보면서 도안이 잘 옮겨지고 있는지, 빼놓고 그린 것은 없는지 확인해주세요.
5. 도안을 다 옮겼다면 흐릿한 부분이 있는지 다시 한 번 확인한 후 수성펜으로 덧그려주세요.

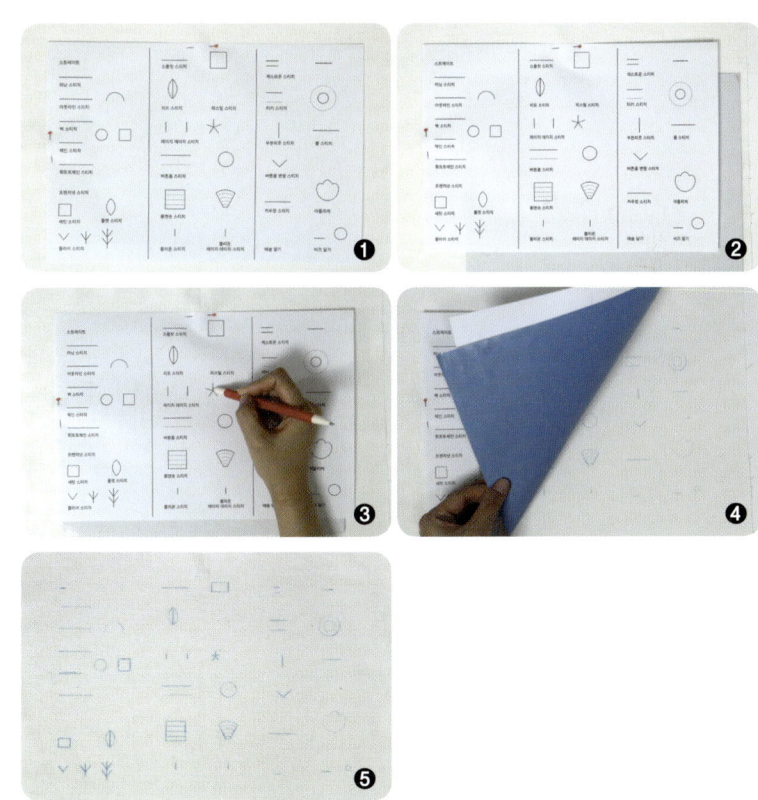

완성 후 매듭 짓기

※ 수를 놓은 후 수틀 뒷부분에서 매듭을 잘 짓지 않으면 세탁을 하거나 시간이 지났을 때 마찰로 인해 매듭이 풀릴 수도 있습니다. 단단히 매듭을 지어 자수의 완성도를 높이세요.

1. 수틀을 뒤집어 원단 뒤쪽으로 나온 실을 한 손으로 당깁니다.
2. 잡아 당긴 실에 바늘을 걸어 위에서 아래로 원을 그리며 빼냅니다.
3. 매듭이 지어질 자리를 손으로 살짝 누른채 바늘에 걸린 실을 당깁니다.
4. 원단에 딱 붙는 매듭이 만들어졌습니다. 매듭이 원단과 떨어져 만들어졌다면 다시 한 번 바짝 붙여 매듭 지어주세요.
5. 매듭 위의 실을 1~2mm 길이로 짧게 자릅니다. 길게 자르면 다른 곳을 수놓을 때 실이 딸려 올라갈 수 있습니다.

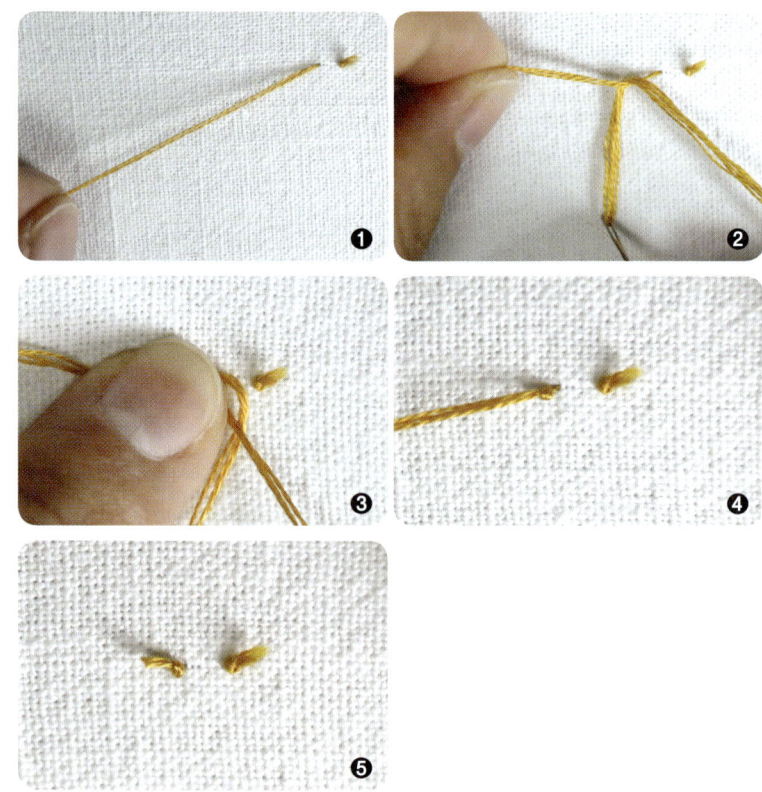

세탁과 다림질하기

✕ 열심히 수를 놓았다 해도 이 과정이 없다면 작업이 끝났다고 할 수 없어요. 작품의 완성도를 높일 수 있도록 깔끔하게 세탁하고 다림질하여 자수가 돋보이게 해주세요.

● 세탁하기

원단은 두 차례 세탁하는 것을 추천합니다. 수놓기 전 수축을 방지하고 먼지를 제거하기 위해 한 차례 세탁하고, 자수를 완성한 후 도안선을 지우기 위해 한 번 더 세탁합니다. 이때, 세탁기를 사용하지 않고 흐르는 물에 살살 손세탁해야 합니다. 수성펜은 물이 닿기만 해도 쉽게 지워지지만 원단 먹지를 사용해 만든 도안선은 손에 힘을 풀고 아주 부드럽게 문질러줘야 지워집니다. 선이 잘 지워지지 않는다면 비누를 조금 묻힌 면봉으로 해당 부분만 문질러주면 됩니다. 세탁 후 물기를 짤 때에는 원단을 절대 비틀지 말고, 수건을 접어 그 사이에 끼우고 팡팡 쳐주세요. 이후 잘 펼쳐서 물기를 말려줍니다.

● 다림질하기

세탁 후 거의 말랐을 때 원단을 뒤집어서 다리미로 다려주세요. 폭신하게 마감된 다림질 판이 있다면 사용하고, 다림질 판이 없다면 원단 밑에 수건을 깔아 자수가 과하게 눌리지 않도록 합니다.

이 책을 볼 때 참고하세요!

✕

● 자수에 필요한 실을 안내할 때 DMC사는 '번호', 앵커사는 'a번호', 애플톤 울사는 'w번호', 메탈사는 'e번호'로 표시하였습니다. 그 외 실은 실 이름 자체를 쓴 후 번호를 붙였습니다. (예: 덴마크 꽃실 17)

● 도안 안내 페이지에 '스티치 기법명과 실번호(가닥수)'를 순서대로 표기했으니 이를 참고해 수놓아주세요. (예: 블리온 3865(3))

● 실 번호에 '+' 표시가 있는 것은 두 가지 실을 섞어서 사용했다는 뜻입니다. 예를 들어 스플릿 w903(1)+a365(2)이라고 써있는 경우 애플톤 울사 903번 1줄과 앵커사 365번 2줄을 합쳐 총 3줄로 스플릿 스티치를 하면 된다는 의미입니다.

● 본격적으로 자수를 시작하기 전에 스티치 기법을 한 번씩 연습해보세요. 어려운 기법은 빈 공간에 여러 번 연습해 나만의 스티치 연습장을 만들어두세요. 자수할 때 옆에 두고 헷갈리는 기법이 있을 때마다 확인하며 작업하면 많은 도움이 된답니다. 3등분으로 접은 후 책에 끼워 보관하는 것도 좋습니다.

① 스트레이트 (26쪽)
② 러닝 스티치 (27쪽)
③ 아웃라인 스티치 (28쪽)
④ 백 스티치 (30쪽)
⑤ 체인 스티치 (31쪽)
⑥ 휘프트 체인 스티치 (34쪽)
⑦ 프렌치넛 스티치 (35쪽)
⑧ 새틴 스티치 (36쪽)
⑨ 플랫 스티치 (37쪽)
⑩ 플라이 스티치 (38쪽)
⑪ 스플릿 스티치 (76쪽)
⑫ 리프 스티치 (78쪽)
⑬ 피스틸 스티치 (79쪽)
⑭ 레이지데이지 스티치 (80쪽)
⑮ 버튼홀 스티치 (82쪽)
⑯ 롱앤숏 스티치 (84쪽)
⑰ 블리온 스티치 (86쪽)
⑱ 블리온 레이지데이지 스티치 (87쪽)
⑲ 비즈 달기 (88쪽)
⑳ 캐스트온 스티치 (136쪽)
㉑ 터키 스티치 (139쪽)
㉒ 우븐피콧 스티치 (141쪽)
㉓ 롤 스티치 (142쪽)
㉔ 버튼홀 변형 스티치 (143쪽)
㉕ 태슬 만들기 & 달기 (144쪽)
㉖ 카우칭 스티치 (188쪽)
㉗ 아플리케 (189쪽)

종종 등장하는
바느질 용어를 알아두세요!

✖

바느질은 원단 안쪽으로 가려지는 부분에 사용해요. 따라서 프랑스 자수의 스티치처럼 간격을 일정하게 맞추는데 많은 힘을 쓰지 않아도 됩니다. 한 땀의 길이는 4~5mm 정도가 적당하며 스티치 할 때보다는 길게 합니다.

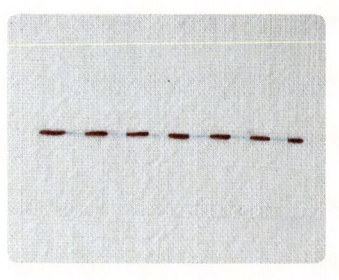

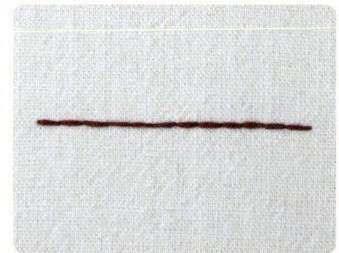

● **홈질**
손바느질의 기초가 되는 기법으로 바늘 땀을 일정한 간격으로 띄워 성글게 꿰매는 방법입니다.

● **박음질**
홈질보다 촘촘하고 탄탄하게 꿰매는 방법으로 땀 사이에 공간이 생기지 않도록 꿰매는 방법입니다.

● **창구멍**
원단 2장을 겹쳐 바느질한 후 뒤집어 주기 위해 남겨두는 구멍입니다. 모든 바느질을 끝낸 후에는 창구멍을 막아주어야 합니다.

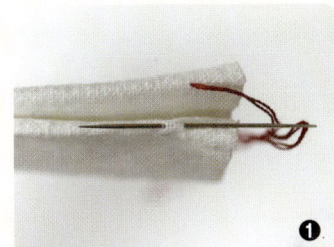 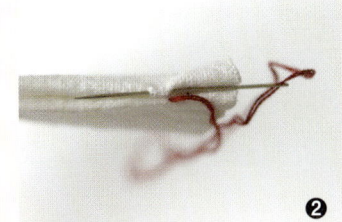 

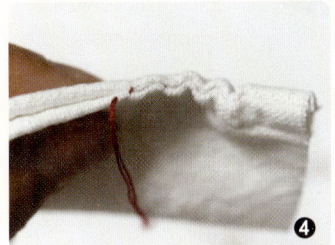  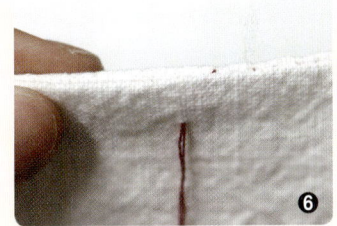

● **공구르기**

두 원단 사이를 오가며 창구멍을 막는 바느질 기법입니다. 공구르기로 창구멍을 막으면 겉에서 봤을 때 실이 보이지 않습니다.

1. 창구멍 안쪽 원단에서 바늘을 빼낸 후 겹쳐진 원단으로 꽂아 사진처럼 한 땀 떠줍니다. 사진은 이해를 돕고자 빨간색 실을 사용했지만 원단과 같은 색의 실을 사용합니다.
2. 다시 수직 방향 위로 바늘을 넣고 한 땀 떠줍니다.
3. 같은 방법으로 위 아래 원단을 톱니바퀴 모양으로 오가며 원단을 모아줍니다.
4. 실을 안쪽으로 감추기 위해 한 번 힘껏 당겨주세요.
5. 마지막 땀에서 매듭을 지은 후 바로 옆쪽 원단에 바늘을 넣어줍니다.
6. 원단의 아무 위치에서나 바늘을 빼내 매듭이 원단 안쪽으로 들어가게 합니다. 나온 실을 잘라주면 매듭 없이 깔끔하게 공구르기를 완성할 수 있습니다.

· Chapter 1 ·

기초 스티치로 쉽게 만드는
평면 자수

———×××———

모든 일에 있어 가장 중요한 것은 기본을 잘 다져 놓는 것이라고 생각해요. 프랑스 자수는 특히 기본이 중요합니다. 연습하면 할수록 땀의 크기와 자수의 결이 점점 다듬어지며 좋아지는 것이 눈에 보일 거예요. 기본을 탄탄하게 익혀두면 응용할 수 있는 힘이 무한대로 길러지니 너무 쉬워서 건너뛰고 싶다고 느껴지더라도 익숙해질 때까지 반복 연습해 주세요.

이번 장에서 주로 사용하는
10가지 스티치

스티치 소개 페이지에서는 **실 3줄**과 **5호 바늘**을 이용하여 수놓았습니다.

스트레이트

× 모든 스티치의 기본이 되는 기법으로 '한 땀'이라고도 합니다. '한 땀'의 길이는 기본적으로 2~3mm가 적당합니다.

1. 도안의 왼쪽 끝에서 바늘을 빼냅니다. 이때, 원단 뒤에 매듭이 바짝 걸릴 때까지 당겨주세요.
2. 2~3mm 정도 오른쪽으로 간격을 띄우고 바늘을 꽂습니다.
3. 원단 뒤에서 바늘을 당긴 후 매듭지어 한 땀을 만들어줍니다.

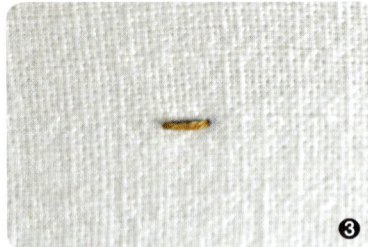

러닝 스티치

✕ 바느질의 홈질과 같이 한 땀씩 띄엄띄엄 같은 간격으로 수놓는 기법입니다. 앞뒤의 바늘땀 간격이 일정하도록 주의하며 수놓습니다.

1. 도안의 왼쪽 끝에서 바늘을 빼냅니다.
2. 스트레이트로 한 번 수놓습니다.
3. 2~3mm 정도 간격을 띄우고 바늘을 다시 원단 위로 빼냅니다.
4. 다시 스트레이트로 한 번 더 수놓습니다.
5. 도안의 끝까지 간격을 유지하며 수놓고 매듭지어 마무리합니다.

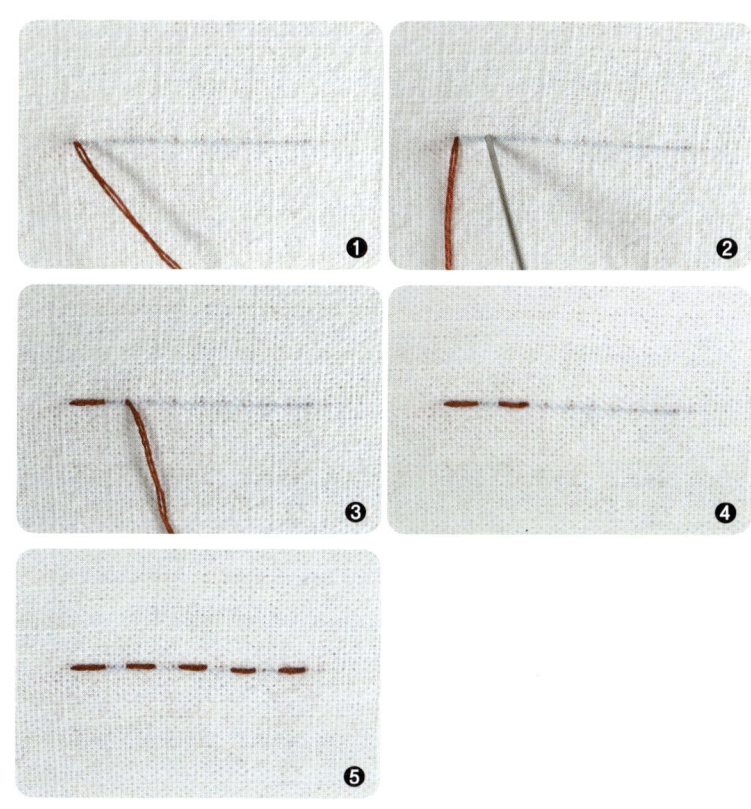

아웃라인 스티치

✕ 실이 꼬인듯한 형태로 표현되는 기법입니다. 선을 수놓거나 여러 줄로 면을 채울 때 주로 사용합니다.

● **직선**

1 도안의 왼쪽 끝에서 바늘을 빼냅니다.
2 빼낸 실을 아래로 향하게 잡은 후 4~5mm 정도 간격을 띄우고 바늘을 꽂아 한 땀 간격인 2~3mm 만큼 앞쪽으로 옮겨 빼냅니다.
3 그대로 바늘을 아래쪽으로 당깁니다.
4 그 다음 땀부터는 한 땀 간격인 2~3mm 간격마다 바늘을 넣고 앞서 수놓은 구멍(현재 3번의 바늘 구멍)으로 바늘을 빼냅니다.
5 그대로 바늘을 아래쪽으로 당깁니다. 원단과 실 사이에 간격이 뜨지 않게 잘 당겨주세요.
6 도안의 끝까지 반복하여 수놓습니다.
7 마지막 땀에는 도안의 끝 구멍으로 바늘을 넣어줍니다.
8 매듭지어 마무리합니다.

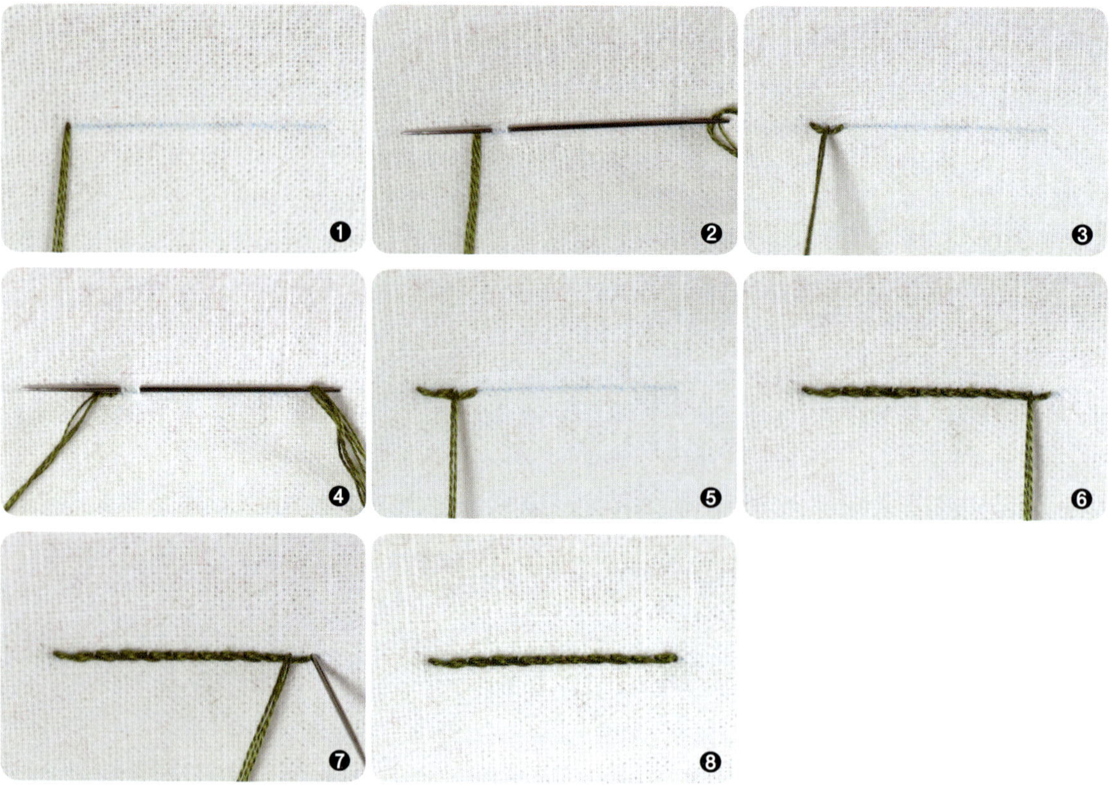

● 곡선

1 위로 볼록한 곡선을 수놓을 때는 바늘을 빼낸 후 실을 위로 향하게 놓고 스티치합니다.

2 빼낸 실을 위로 향하게 잡은 후 직선과 마찬가지로 4~5mm 정도 간격을 띄우고 바늘을 꽂아 한 땀 간격인 2~3mm 만큼 앞쪽으로 옮겨 빼냅니다.

3 그대로 당긴 후 실이 계속 위를 향하도록 주의하며 도안의 끝까지 반복하여 수놓습니다. 마지막 땀은 도안의 끝 구멍으로 바늘을 넣어줍니다.

4 매듭지어 마무리합니다.

Tip 실이 원단 위에 딱 붙어야 완성했을 때 수의 결이 깔끔해요. 따라서 실을 꼼꼼히 잘 당겨가며 수놓는 것이 중요합니다. 그렇다고 힘을 너무 주면 원단이 울 수도 있으니 힘 조절을 잘해주세요. 특히 레터링 자수의 경우 실을 적당히 당기며 수놓지 않았을 경우 글자 형태와 크기가 많이 달라지니 더욱 주의해야 하며, 땀의 크기도 기본 땀보다 촘촘하게 수놓도록 합니다.

백 스티치

✕ 바느질의 박음질과 같이 뒤쪽으로 한 땀씩 돌아가서 선을 만드는 기법입니다. 같은 간격의 땀을 빈틈 없이 이어 수놓으며, 주로 직선을 만들 때 사용합니다.

1 스트레이트로 한 번 수놓습니다.
2 한 땀 간격인 2~3mm 만큼 앞쪽으로 옮겨 바늘을 빼냅니다.
3 한 땀 뒤로 돌아와 스트레이트했던 땀과 같은 구멍으로 바늘을 넣어줍니다.
4 도안의 끝까지 같은 간격을 유지하며 직선이 되게 수놓습니다.
5 매듭지어 마무리합니다.

🏷️ **Tip** 기본적인 기법이고 바느질에서도 쓰이기 때문에 난이도는 쉬운 편이지만, 주로 직선을 만들 때 사용하기에 대충 수놓으면 티가 많이 나요. 앞땀과 같은 구멍으로 바늘을 잘 넣었는지, 간격이 일정한지, 도안선을 잘 따라 수놓고 있는지 체크해 주세요. 또한 실이 꼬이지 않도록 신경 쓰는 것도 중요합니다.

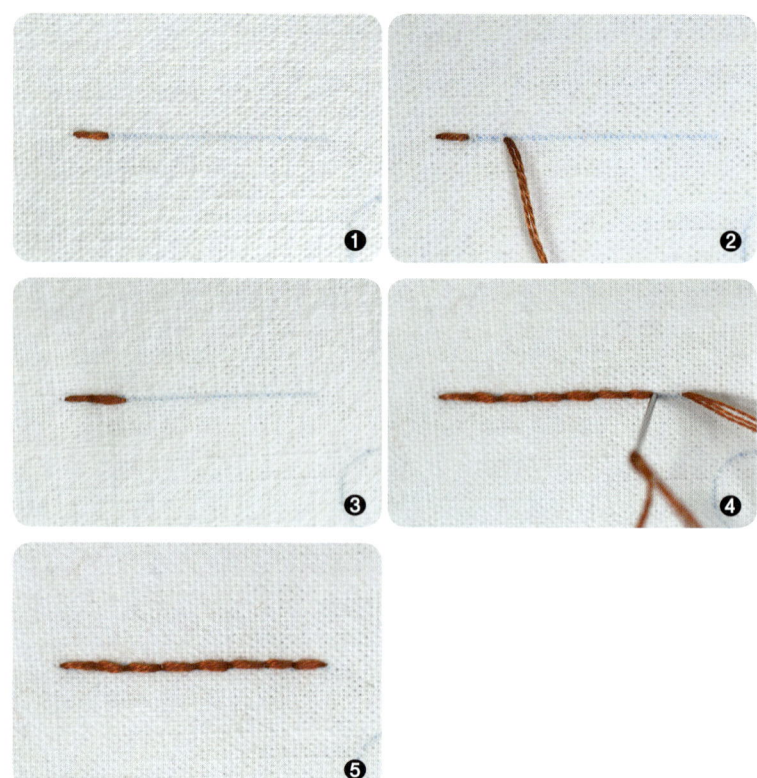

체인 스티치

※ 체인처럼 꼬인 모양을 만드는 기법으로 선과 면 모두에 사용되는 스티치입니다.

● 선

1. 도안의 왼쪽 끝에서 바늘을 빼냅니다.
2. 시작점의 같은 구멍으로 바늘을 넣은 후 실을 당기지 않은 채 한 땀 간격인 2~3mm 만큼 앞쪽으로 옮겨 바늘을 살짝 빼서 걸쳐줍니다.
3. 과정 2에서 실 고리가 생기는데 바늘을 위쪽으로 통과시켜 쭉 빼냅니다.
4. 과정 2~3을 반복해 고리를 계속 만들어 도안의 끝까지 오면 고리의 바로 옆으로 바늘을 넣어줍니다.
5. 매듭지어 마무리합니다.

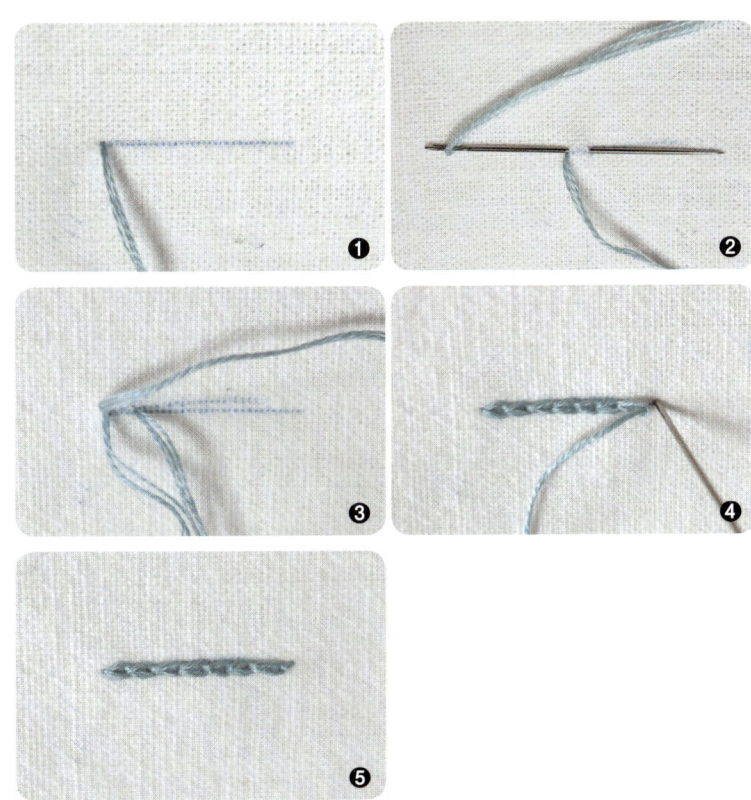

● 원

1. 직선과 동일하게 작업하되 직선을 수놓을 때보다 간격을 좁혀주세요. 그래야 부드러운 곡선이 완성됩니다.
2. 마지막 한 땀은 사진처럼 첫 땀의 실 사이로 바늘을 넣어줍니다.
3. 마지막 땀의 바늘이 나왔던 구멍으로 바늘을 넣어줍니다.
4. 매듭지어 마무리합니다.

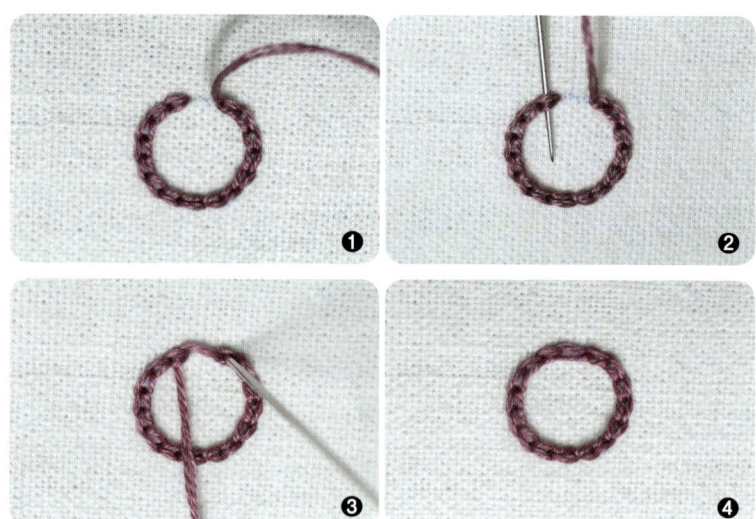

● 각진 형태

1 직선과 동일하게 작업하되 각진 도안을 체인 스티치할 때는 꺾어지는 부분마다 매듭지어 고정을 해야 합니다.
2 한 쪽을 체인 스티치한 후 고정한 모습입니다.
3 수놓은 고리의 구멍을 통과시켜 바늘을 빼냅니다.
4 나온 자리에서 다시 체인 스티치를 시작합니다.
5 마무리는 원을 수놓을 때와 같이 첫 땀의 실 사이에 바늘을 넣어줍니다.
6 매듭지어 마무리합니다.

Tip 먼저 수놓은 구멍으로 바늘을 넣을 때 살짝만 어긋나도 땀 크기와 모양이 흐트러져서 완성했을 때 해당 부분만 도드라져 보일 수 있습니다. 같은 구멍으로 바늘이 잘 들어갔는지 꼼꼼히 신경 써주세요.

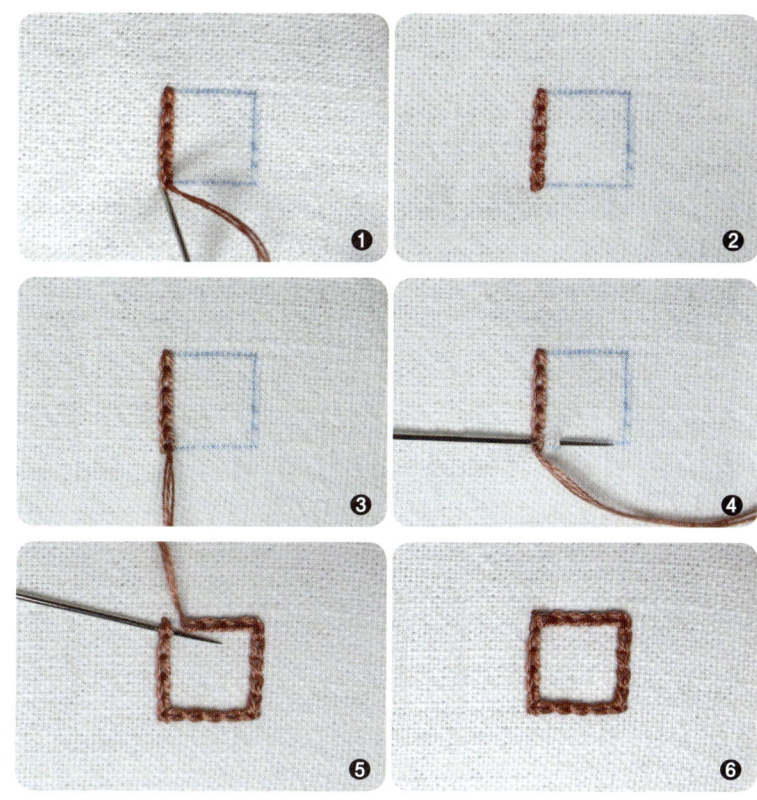

휘프트 체인 스티치

✕ 체인 스티치를 한 후 이를 다른 실로 감는 기법이에요. 장식적인 요소가 강한 것이 특징입니다.

1. 도안선을 체인 스티치(31쪽)로 먼저 수놓습니다.
2. 다른 실을 바늘에 꿰어 체인 스티치의 시작점보다 살짝 아래쪽에서 바늘을 빼냅니다.
3. 체인 스티치의 각 땀의 틈에 바늘귀 부분을 이용해서 실을 통과시킵니다. 방향은 위에서 아래쪽으로 넣어주세요.
4. 실을 당기지 말고 체인 스티치를 살짝 감아준다는 느낌으로 바늘을 빼냅니다.
5. 다음 땀도 위에서 아래쪽으로 바늘을 꽂아 감아줍니다.
6. 계속 같은 방향으로 체인 스티치를 감아 나갑니다.
7. 마지막 땀의 아래로 실을 부드럽게 빼주세요.
8. 체인 스티치를 마무리한 지점의 살짝 위쪽으로 바늘을 꽂아줍니다.
9. 마지막까지 실을 당기지 않으면서 살며시 뒤쪽으로 빼주세요. 매듭지어 마무리합니다.

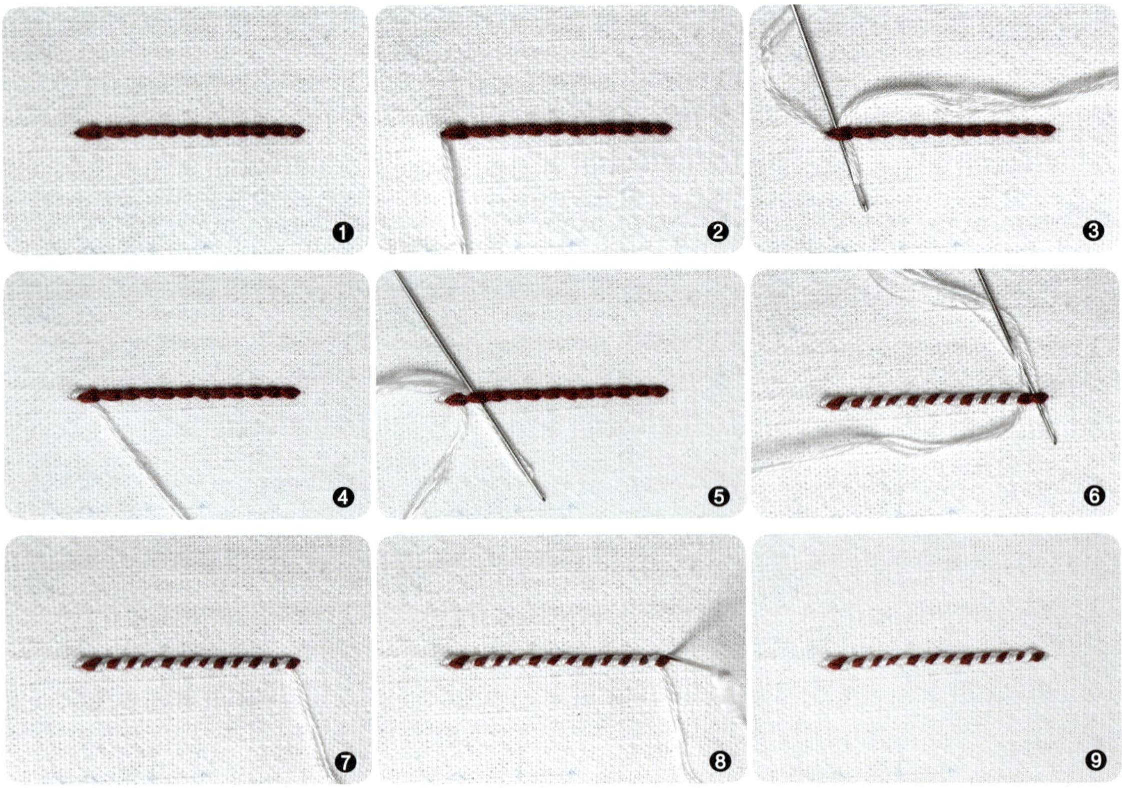

Tip 체인 스티치의 땀의 길이가 들쑥날쑥하지 않아야 다른 색의 실로 휘프트 체인 스티치를 했을 때 수의 결이 정갈해요. 체인 스티치와 다른 색의 실로 감을 예정이라면 땀의 길이가 일정하도록 신경 써서 수놓아주세요. '휘프트 체인(3)'이라는 표기는 3줄로 체인 스티치한 후 같은 색의 실 3줄로 감는 것을 말합니다.

프렌치넛 스티치

✕ '프랑스매듭(knot)'이란 뜻으로 작은 점을 만드는 기법입니다. 주로 도안에 포인트를 주기 위해 사용합니다. 실을 바늘에 감아 수를 놓는데 바늘의 굵기, 감는 횟수, 실의 가닥수에 따라 점의 크기가 달라집니다.

1. 원단 위로 바늘을 빼낸 후 실을 한 손으로 팽팽하게 당겨주세요.
2. 다른 손에 바늘을 잡고 당긴 실 위에 십자 형태로 교차되게 올려줍니다.
3. 그대로 실을 바늘에 1회 감은 후 바늘을 시작점 바로 옆에 꽂아주세요.
4. 실을 잡은 손으로 실을 당겨 감긴 실을 조여주면서 원단 바로 위에 밀착시켜주세요.
5. 실을 계속 잡은 채로 바늘을 원단 뒤로 빼줍니다.
6. 실이 원단 뒤로 거의 빠지면 잡았던 손을 놓아 점이 풀리지 않도록 모양을 잡아줍니다.
7. 매듭지어 마무리합니다. 왼쪽부터 순서대로 실 3줄을 1회, 2회, 3회 감아준 모습입니다.

> **Tip** 바늘에 실을 감을 때 손에 힘을 줘서 빡빡하게 감으면 바늘을 빼기가 어렵습니다. 설렁설렁한 느낌으로 감아주세요. 감는 횟수는 3회를 넘기지 않도록 하고, 크기를 키우고 싶다면 실의 가닥수를 늘리거나 바늘을 굵은 것으로 바꿔줍니다.

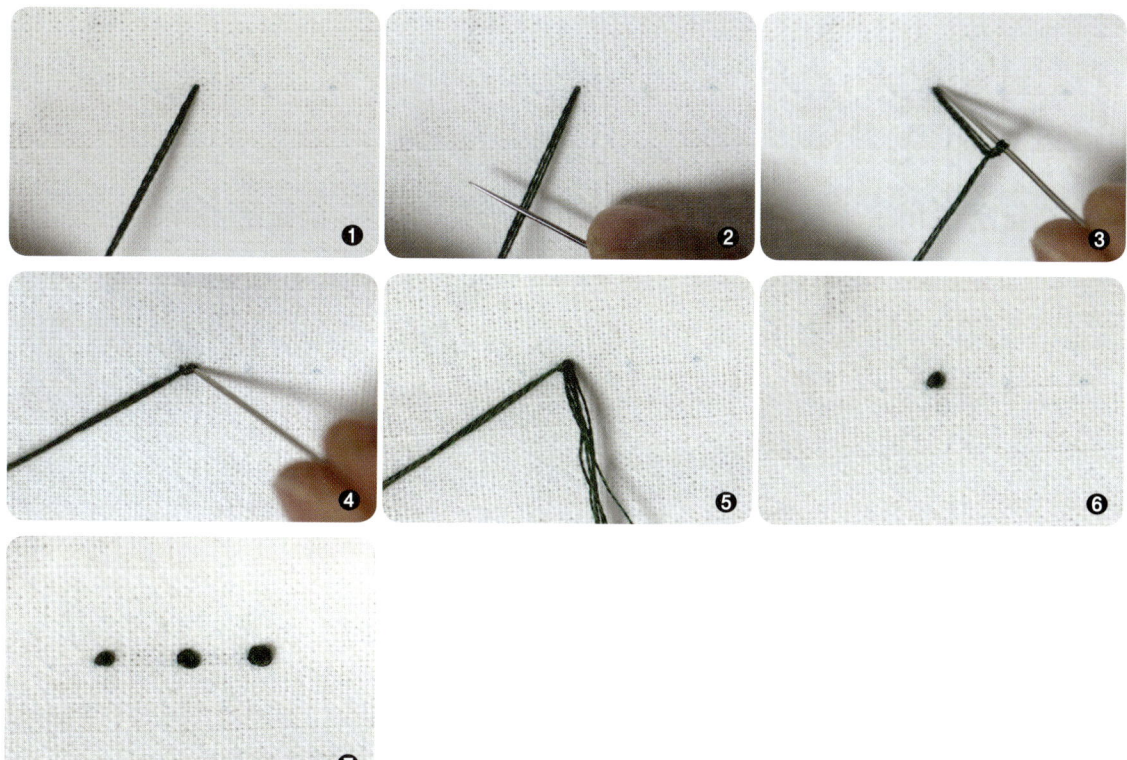

새틴 스티치

✕ 면을 채울 때 주로 사용하는 기법입니다. 도안을 따라 촘촘한 간격으로 채우는 것이 중요합니다. 볼륨감을 더하고 싶다면 같은 자리에 여러 번 수놓아주면 돼요.

1 면의 중앙에서 도안의 길이만큼 스트레이트로 수놓습니다.
2 나눈 면의 한 쪽을 촘촘한 간격으로 채우고 매듭지어줍니다. 진행하다 빈 공간이 생기면 다시 돌아가 채웁니다.
3 나머지 절반의 면도 같은 방법으로 수놓고 매듭지어 마무리합니다.

🧷 **Tip** 스트레이트 스티치의 모음인 새틴 스티치! 수놓을 때 같은 각도로 진행해야 수의 결이 단정해져요. 면의 중앙에 스트레이트로 가이드라인을 만들어주고, 천천히 땀의 각도를 생각하며 수놓습니다. 또한 같은 도안 내에서 여러 번 겹쳐 수놓으면 볼륨감을 표현할 수 있는데, 이때 실을 너무 당기지 말고 원단에 얹는다는 느낌으로 수놓아야 깔끔하고 풍성해 보입니다.

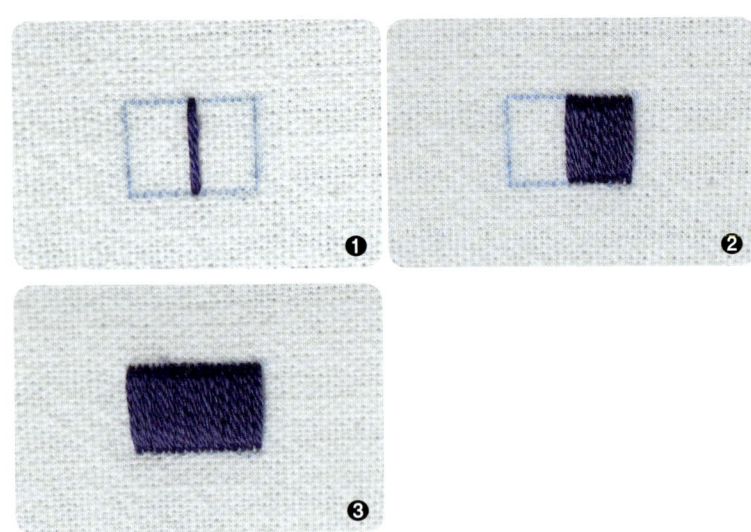

플랫 스티치

✕ 새틴 스티치 기법의 일종으로 잎 모양을 수놓을 때 사용합니다. 새틴 스티치와 마찬가지로 틈이 생기지 않도록 도안선을 따라 촘촘하게 채워주세요.

1 잎 중앙선의 1/3 정도의 길이만큼 스트레이트로 수놓습니다.
2 왼쪽 옆에서 4~5땀 수놓고 가운데 스트레이트와 같은 구멍으로 넣어줍니다.
3 조금씩 아래로 내려오면서 한쪽 면을 촘촘히 채웁니다. 잎 아래쪽의 V모양이 자연스럽게 만들어지면 한쪽 면 수놓기를 마무리합니다.
4 다시 위로 올라와 같은 방식으로 나머지 절반의 면을 채우고 매듭지어 마무리합니다.

🔸 **Tip** 잎의 V자 각도를 끝까지 유지하는 것이 중요합니다. 대부분 잎의 중간 정도 되면 땀이 한 일(一)자로 눕게 되는데 항상 잎의 끝 각도가 V자가 되도록 유의하며 촘촘하게 수놓아주세요.

플라이 스티치

※ V나 Y자 모양을 만드는 스티치 기법으로 식물의 줄기, 새 발자국, 나뭇가지 등을 수놓을 때 사용합니다.

● **V자**

1. 도안의 왼쪽 끝에서 바늘을 빼내 오른쪽 끝에 바늘을 넣어줍니다.
2. 바늘을 꺾어 두 점의 가운데 아래 지점으로 빼줍니다. 시작점과 연결되어 있는 실을 바늘의 아래쪽에 오게 해주세요.
3. 그대로 바늘을 빼주면 V자 모양으로 실이 걸립니다.
4. 실의 바로 아래에 밀착시켜 바늘을 넣고 매듭지어 마무리합니다.

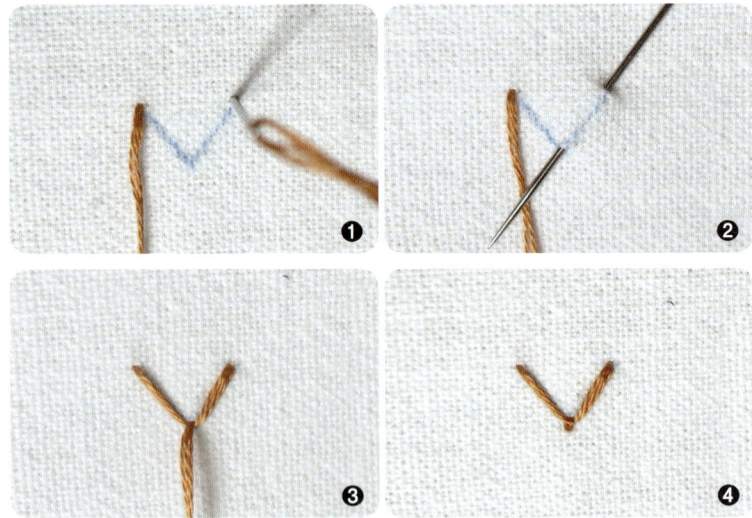

● 새 발자국 모양

1 도안의 가운데 부분을 스트레이트로 수놓습니다.
2 V자와 같은 방법으로 플라이 스티치합니다.
3 실의 바로 아래에 바늘을 넣지 않고, 간격을 두고 바늘을 꽂아 매듭지어 마무리합니다.

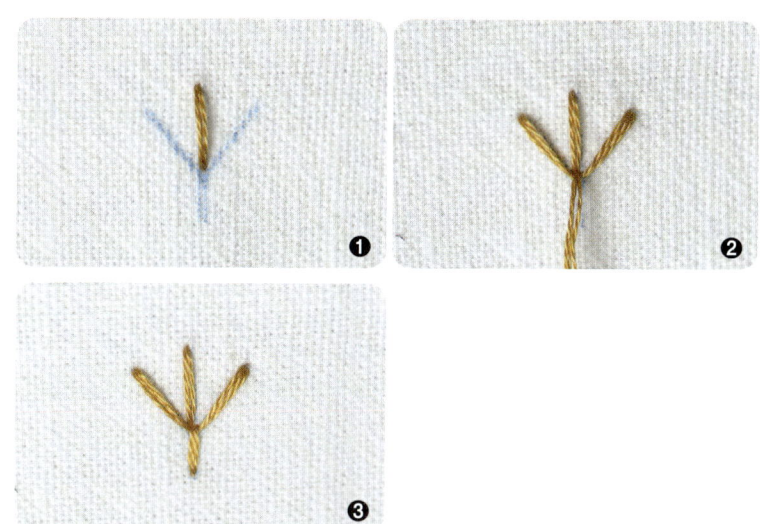

● 나뭇가지 모양

1 새 발자국 모양의 과정 1~3을 따라 해주세요.
2 플라이 스티치를 여러 번 이어 수놓으면 나뭇가지 모양을 만들 수 있습니다.

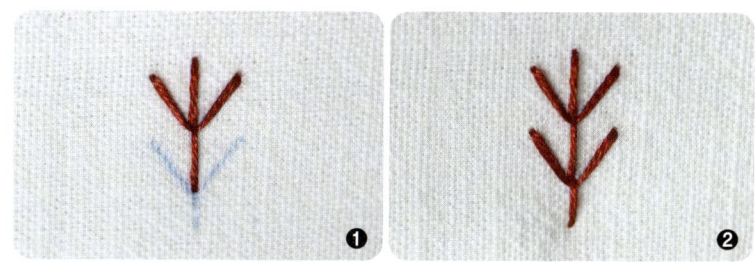

수틀과 보빈 책갈피

프랑수 자수,

왠지 낯설고 어렵게만 느껴져 시작하기 망설여졌나요?

사실 한두 가지 스티치를 익히고 몇 가지 색의 실만 있으면

충분히 멋진 작품을 완성할 수 있답니다.

이제 막 프랑스 자수를 시작한다면

가장 먼저 이 책갈피를 만들어보세요.

이 책을 한 페이지, 한 페이지 차근차근 넘길 때 꽂아두길 바라며

수틀과 보빈 모양으로 디자인해보았어요.

자수를 배우는 내내 뿌듯함과 자신감이 샘솟을 거예요.

preparation
준비하기

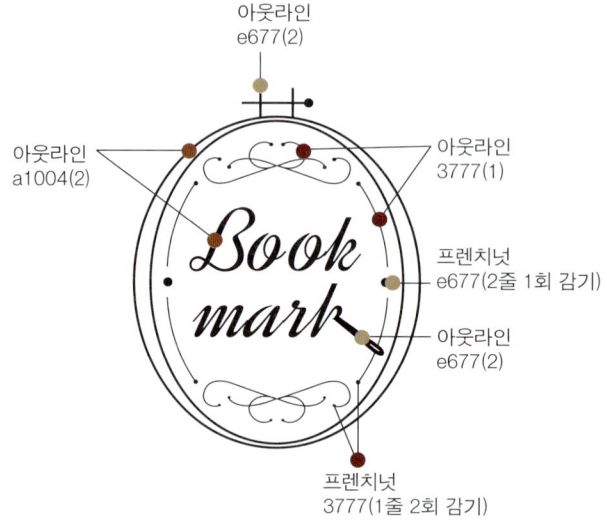

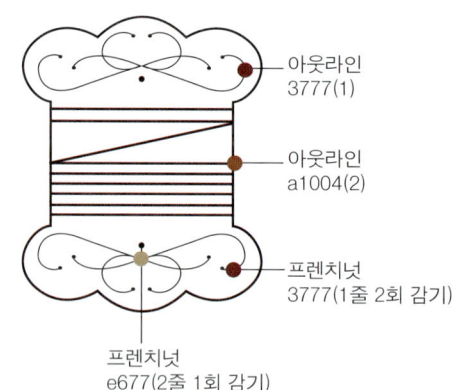

스티치
아웃라인
프렌치넛

자수실
● 3777
● a1004
● e677

추가 준비물
펠트지

embroidery

수놓기

1. 원단 먹지를 이용해 도안을 원단에 옮깁니다.
2. 수틀을 끼우고 안쪽 곡선 문양을 아웃라인 스티치로 수놓습니다.
3. 테두리와 안쪽 레터링을 아웃라인 스티치로 수놓습니다. 레터링 자수를 할 때 글자의 흐름을 살려 자연스럽게 이어지도록 수놓는 것이 중요합니다.
4. 곡선 문양의 끝부분을 프렌치넛 스티치합니다. e677번 메탈사는 20~30cm 정도만 잘라서 사용하며 2줄로 바늘과 수틀의 나사 부분을 아웃라인 스티치로 수놓습니다. 가로 양끝은 프렌치넛 스티치합니다.
5. 수틀을 보빈 모양 쪽으로 옮겨 끼우고 수틀 모양과 마찬가지로 곡선 문양부터 아웃라인, 프렌치넛 스티치합니다. 이후 e677번 메탈사로 중앙에 프렌치넛 스티치를 수놓습니다.
6. 아웃라인 스티치로 보빈에 감겨있는 실을 표현해주세요.

application

책갈피 만들기

1 도안의 테두리보다 사방 2~3cm 크게 원단을 잘라주고 원단에 덧댈 펠트지도 비슷한 크기로 잘라 준비합니다.

2 재단선과 도안 바깥선의 사이를 홈질(22쪽)하여 원단과 펠트지를 고정합니다.

3 재단선을 수성펜으로 다시 한 번 뚜렷하게 그린 후 가위로 잘라줍니다. 이때 원단의 올이 풀릴 수 있으니 재단 가위나 자수 전용 가위를 이용해 한 번에 깔끔하게 잘라주세요.

4 3777번사 3줄로 원단 테두리를 뒤에서 앞쪽으로 휘감아줍니다. 실이 서로 겹치지 않게 잘 펴가며 조금씩 옆으로 이동해주세요.

5 테두리를 다 감은 후 손세탁으로 먹지선과 수성펜을 잘 지우고 건조시킵니다.

6 a1004번사를 6줄 그대로 40cm 정도로 길게 자르고 매듭지어줍니다. 수틀 모양의 바늘 도안 사이에서 바늘을 빼 보빈 모양의 감겨있는 실의 시작점으로 넣어주세요.

7 남은 실은 자르지 말고 보빈에 자연스럽게 감아주세요. 책의 크기에 따라 늘렸다 줄였다 할 수 있는 실용적인 책갈피가 완성되었습니다.

팔레트 티 코스터

일상 속에서 어떨 때 소소한 행복을 느끼시나요?

저는 자수 작업을 하며 따뜻한 커피 한 잔을 마실 때 행복을

느낀답니다. 이 시간을 좀 더 특별하게 보내고 싶어

직접 티 코스터를 만들어보았어요.

행복을 물들인다는 의미로 알록달록 팔레트 모양을 수놓았지요.

기본적인 스티치를 사용해 누구나 쉽게 따라

할 수 있을 거예요. 팔레트의 물감 부분은 좋아하는 색깔로

마음껏 채워보세요!

preparation
준비하기

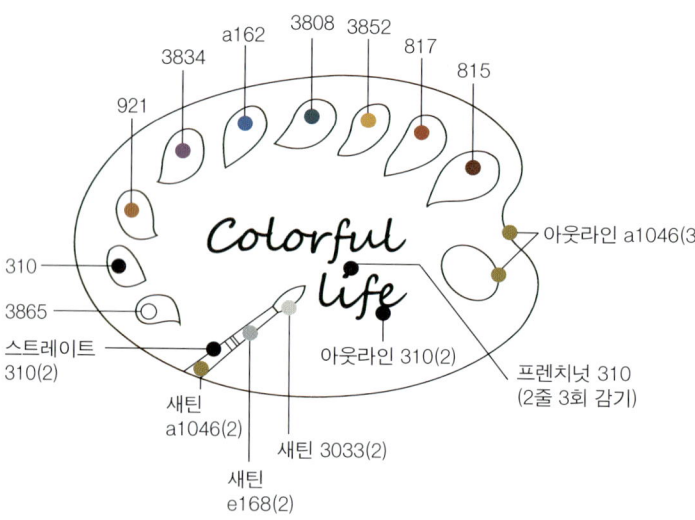

embroidery

수놓기

1. 흰색 원단 먹지를 이용해 도안을 원단에 옮깁니다.
2. 먼저 레터링 도안에 수틀을 끼워줍니다. 물감 부분은 입체적으로 표현할 것이므로 도안 안쪽부터 채워나가야 수틀을 끼우기 편합니다.
3. 안쪽 레터링을 아웃라인 스티치로 수놓으며, 이때 Life의 i 점 부분만 프렌치 넛 스티치로 수놓습니다.
4. 붓 도안의 아래쪽부터 새틴 스티치로 채워줍니다.
5. 메탈사를 이용해 남은 면적을 새틴 스티치로 채운 후 스트레이트로 2줄의 포인트 가로줄을 수놓습니다. 메탈사는 잘 꺾이고 해지기 쉬우므로 20~30cm 정도로 짧게 잘라 사용하는 것이 좋습니다.
6. 붓의 끝 부분은 세로로 길게 새틴 스티치합니다.

7   팔레트 안쪽의 구멍과 테두리를 아웃라인 스티치로 수놓습니다.

8   물감 부분은 막 짜 놓은 듯한 질감을 표현하기 위해 입체감 있는 새틴 스티치를 합니다. 먼저 짧은 스트레이트로 면적 안을 세로로 채웁니다. 이때 실을 당기지 말고 사진과 같이 높이를 유지하며 촘촘하게 수놓습니다.

9   새틴 스티치로 스트레이트를 덮으며 면적의 절반을 채웁니다. 마찬가지로 실을 당기지 말고 얹는다는 느낌으로 수놓습니다.

10 나머지 반을 마저 채워주세요. 입체감을 더 내고 싶다면 여러 번 덮어가며 새틴 스티치합니다.

11 나머지 물감 도안도 모두 같은 방법으로 채워주고 각각 매듭지어 마무리합니다.

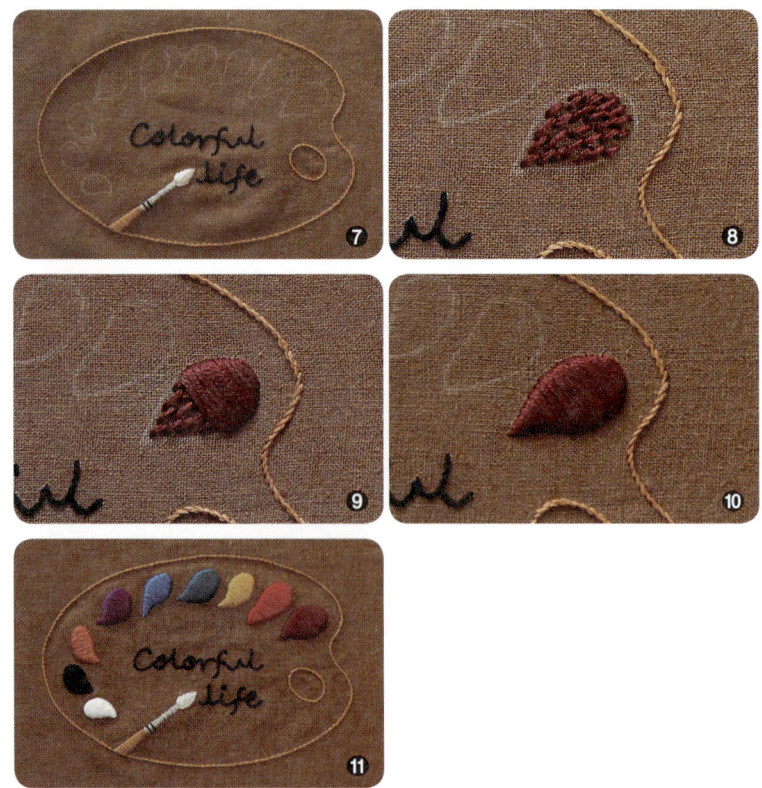

application

코스터 만들기

1. 수놓은 원단을 손세탁한 후 다림질하여 준비합니다.
2. 원단 뒷면에 팔레트 테두리보다 0.2cm 정도 밖으로 바느질선을 그려줍니다. 바느질 후 뒤집어줄 수 있게 아래쪽에 창구멍을 표시합니다.
3. 바느질하기 편하도록 원단을 적당한 크기로 자른 후, 뒤판용 원단도 같은 크기로 준비합니다.
4. 앞판을 뒤집어서 뒤판과 함께 시침핀으로 고정합니다.
5. 창구멍만 남기고 바느질선을 박음질(22쪽)해 주세요. 시작과 끝 부분은 같은 자리에 2~3차례 되박음질해서 단단히 고정합니다.
6. 박음질한 선으로부터 0.5cm 정도 밖으로 재단선을 그려줍니다. 창구멍 부분은 좀 더 넓은 면적을 확보해 주세요.

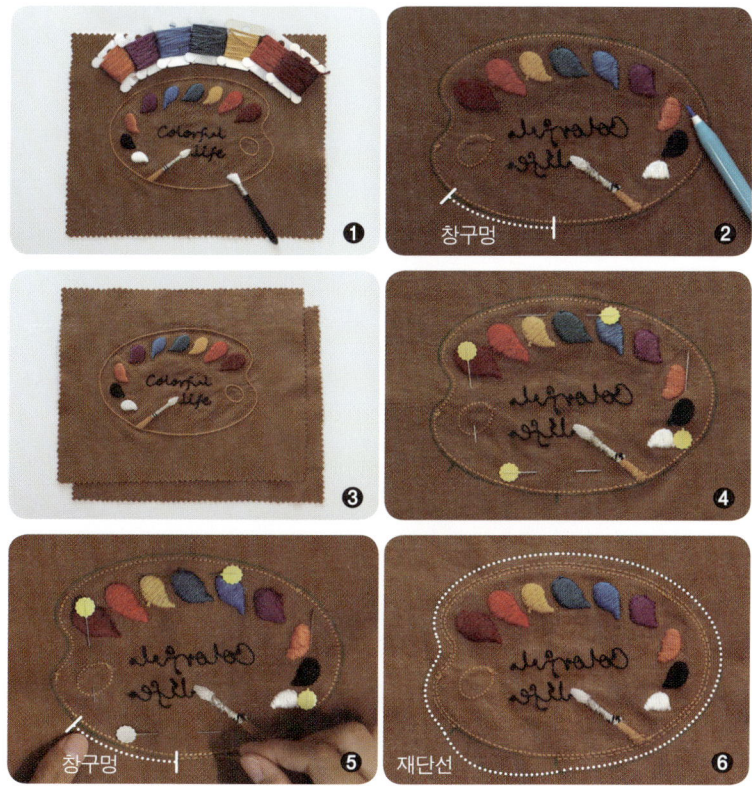

7   재단선을 따라 가위로 잘라주세요. 뒤집었을 때 부드러운 곡선이 잘 표현되도록 곡선 부분들은 0.5cm 정도의 간격으로 가위집을 촘촘하게 내줍니다.
8   창구멍을 벌려 원단을 뒤집은 후 모양을 잘 잡아줍니다.
9   창구멍의 원단은 안쪽으로 넣고 공구르기(23쪽)로 마무리합니다.
10 뒤판쪽을 다림질하여 완성합니다.

홈카페 키친클로스

색깔은 마음에 들지만 뭔가 밋밋한 키친클로스가 있다면

좋아하는 자수를 수놓아보세요.

저는 평소에 즐겨 먹는 브런치 메뉴를 새겨보았어요.

키친클로스에 포인트를 주니 평범했던 우리 집 식탁에

생기가 찾아왔답니다. 근사한 카페에 온 기분이 들더라고요.

준비한 원단의 색이 진해서 자수가 잘 안 보일까 하는 걱정이 든다면

패브릭 물감을 활용해보세요.

과정 2~3을 숙지해두면 유용할 거예요.

preparation

준비하기

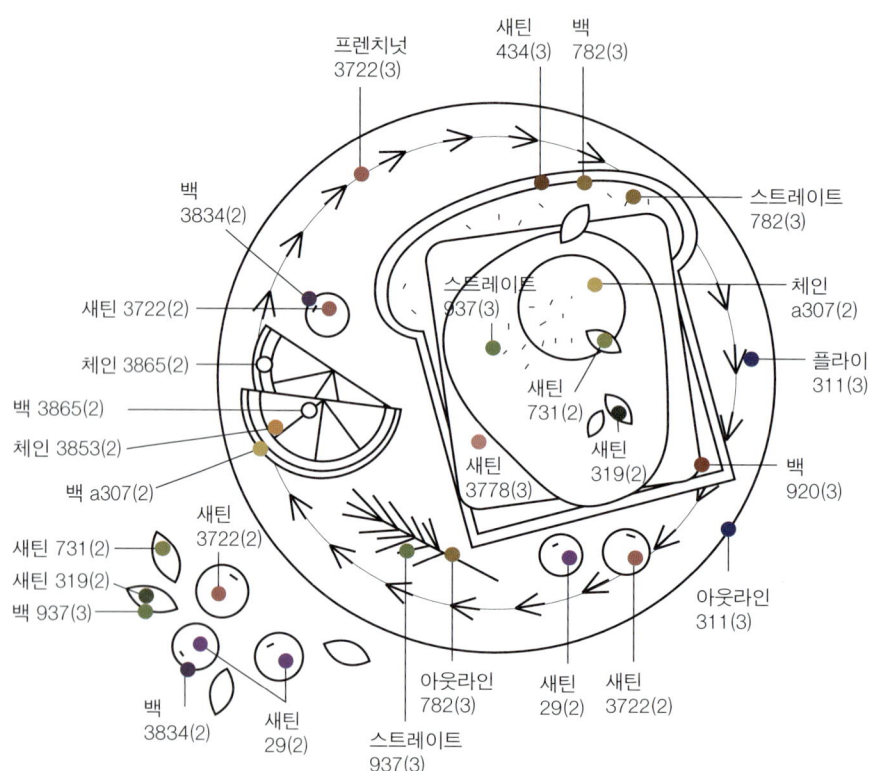

스티치

스트레이트, 아웃라인
백, 체인
새틴, 프렌치넛
플라이

자수실

- 29
- 311
- 319
- 434
- 731
- 782
- 920
- 937
- 3722
- 3778
- 3834
- 3853
- ○ 3865
- a307

추가 준비물

배경 원단(키친클로스)
흰색 패브릭 물감
붓, 트레싱지, 연필

embroidery

수놓기

1. 도안 중 접시의 테두리와 바깥쪽의 블루베리 열매들만 원단 먹지를 이용해 원단에 옮깁니다.

2. 접시 안쪽을 흰색 패브릭 물감으로 칠해줍니다. 원단의 색이 보이지 않을 때까지 여러 번 덧칠해 주세요.

3. 접시 안쪽의 나머지 도안을 트레싱지(반투명한 종이로 도안 위에 올려 비치는 그림을 따라 그릴 때 사용)에 연필로 그려둡니다. 손에 물감이 묻어나지 않을 정도로 마르면 도안이 그려진 트레싱지를 원단의 접시 부분에 놓고 사이에 원단 먹지를 껴 철필로 옮깁니다. 밝은 무채색 계열 원단의 경우 과정 2, 3은 생략하고 과정 1에서 도안을 모두 옮겨주세요.

4. 흐릿한 부분은 수성펜으로 덧그려준 후 수틀을 끼워주세요. 패브릭 물감을 칠한 부분에 수틀을 오래 껴놓으면 수틀에 물감이 묻어날 수 있으니 수를 놓지 않을 때는 꼭 분리하여 보관하세요.

5. 작은 잎들과 블루베리들을 단조롭지 않게 서로 다른 방향으로 새틴 스티치 합니다.

6. 달걀 노른자와 오렌지를 체인 스티치합니다. 중간중간에 빈 부분이 보일 경우 스트레이트로 채워줍니다.

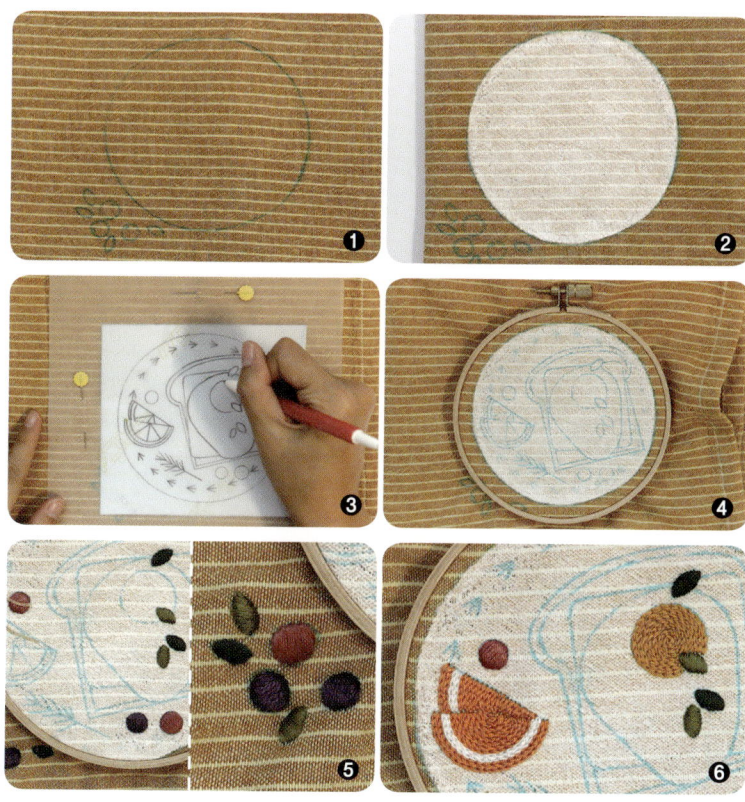

7 햄과 식빵의 테두리 부분을 새틴 스티치합니다. 햄은 사선 방향으로 채워줍니다.

8 햄, 식빵, 오렌지, 블루베리는 스티치한 부분들의 경계선과 테두리들을 백 스티치로 정리해줍니다.

9 달걀 위의 로즈마리 가루, 식빵 가루, 오렌지 과육 부분을 짧은 스트레이트로 수놓아 포인트를 줍니다.

10 오렌지 아래 뾰족한 잎을 길게 스트레이트합니다. 접시 테두리와 나뭇가지를 아웃라인 스티치로 수놓고 접시 안의 문양을 플라이 스티치와 프렌치넛 스티치로 표현합니다.

11 완성 후 수놓은 곳에 분무기로 물을 뿌려서 수성펜 자국을 지워줍니다. 세탁할 때 패브릭 물감이 벗겨지지 않도록 너무 세게 비비지 말고 조물조물 손세탁해 주세요.

식물 그림을 품은
캔버스 액자

멋진 그림 작품들이 벽에 나란히 걸려있는, 마치 미술관 같은

거실을 꿈꾼 적이 있어요. 원하는 대로 실현하진 못했지만

자수로 작게나마 꿈을 이뤄보았답니다.

하나의 원단에 꽃과 식물이 담긴 액자를 여러 개 수놓아

캔버스 액자를 완성했어요. 거실에 세워두니 정말

전시관 같은 느낌이 들더라고요.

독자님들도 자수 액자로 공간의 분위기를 화사하게 바꿔보세요!

preparation
준비하기

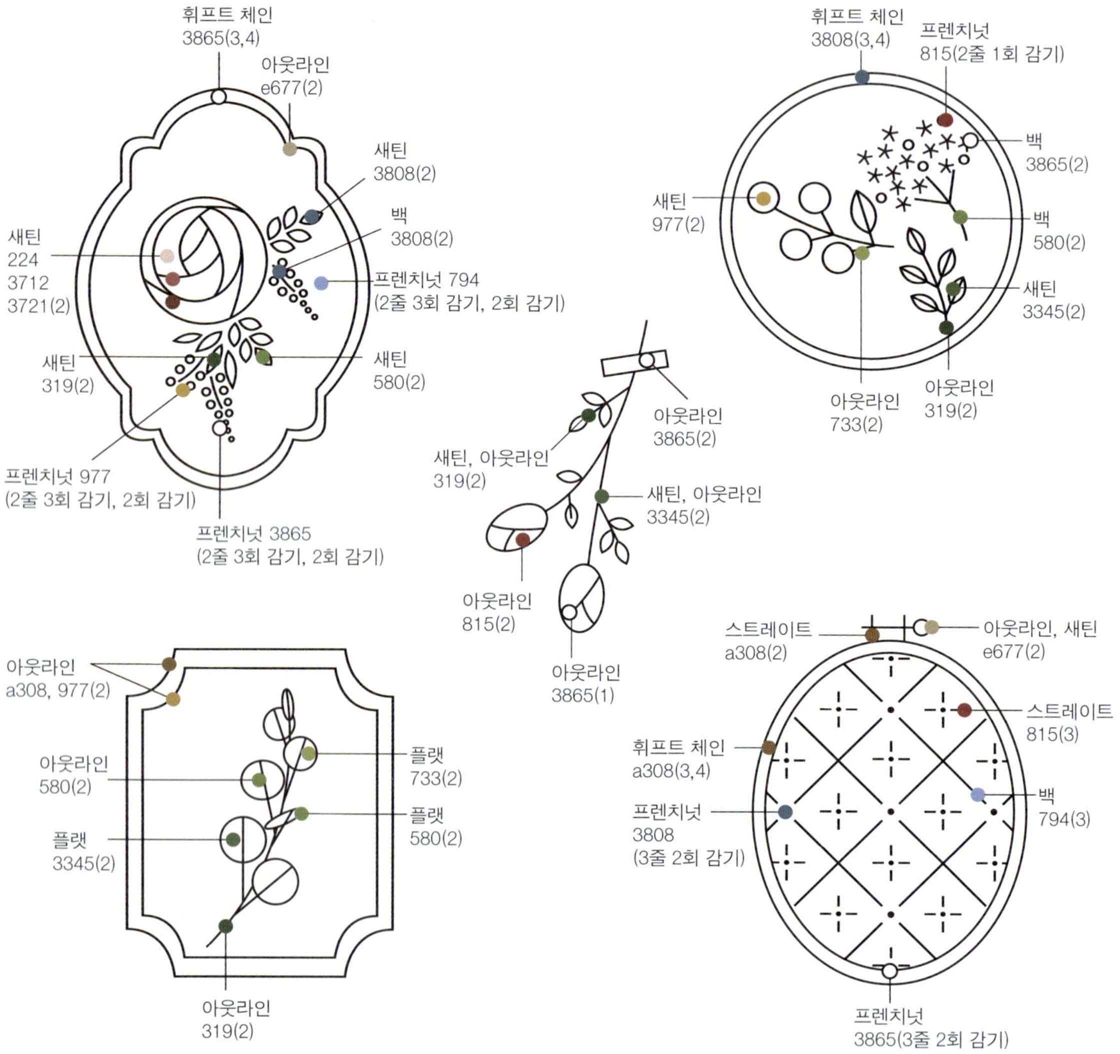

도안

[좌측 상단 - 장식 프레임]
- 휘프트 체인 3865(3,4)
- 아웃라인 e677(2)
- 새틴 3808(2)
- 백 3808(2)
- 프렌치넛 794 (2줄 3회 감기, 2회 감기)
- 새틴 224, 3712, 3721(2)
- 새틴 319(2)
- 새틴 580(2)
- 프렌치넛 977 (2줄 3회 감기, 2회 감기)
- 프렌치넛 3865 (2줄 3회 감기, 2회 감기)

[우측 상단 - 원형]
- 휘프트 체인 3808(3,4)
- 프렌치넛 815 (2줄 1회 감기)
- 백 3865(2)
- 새틴 977(2)
- 백 580(2)
- 새틴 3345(2)
- 아웃라인 733(2)
- 아웃라인 319(2)

[중앙 - 가지]
- 아웃라인 3865(2)
- 새틴, 아웃라인 319(2)
- 새틴, 아웃라인 3345(2)
- 아웃라인 815(2)
- 아웃라인 3865(1)

[좌측 하단 - 사각 프레임]
- 아웃라인 a308, 977(2)
- 아웃라인 580(2)
- 플랫 3345(2)
- 플랫 733(2)
- 플랫 580(2)
- 아웃라인 319(2)

[우측 하단 - 타원]
- 스트레이트 a308(2)
- 아웃라인, 새틴 e677(2)
- 휘프트 체인 a308(3,4)
- 스트레이트 815(3)
- 프렌치넛 3808 (3줄 2회 감기)
- 백 794(3)
- 프렌치넛 3865(3줄 2회 감기)

스티치	자수실			추가 준비물
스트레이트, 아웃라인	● 224	● 319	● 580	캔버스 액자(28×18cm)
백, 휘프트 체인	● 733	● 794	● 815	접착 펠트지
프렌치넛, 새틴	● 977	● 3712	● 3721	
플랫	● 3808	● 3345	○ 3865	
	● a308	● e677		

embroidery

수놓기

1. 원단 먹지를 이용해 도안을 원단에 옮깁니다.
2. 수틀을 끼우고 꽃과 잎들은 새틴과 플랫 스티치로 표현합니다. 액자 ①의 장미꽃잎들과 액자 ②의 노란 열매는 각각 잎마다 자수 결이 서로 다른 방향이 되도록 자연스럽게 새틴 스티치합니다.
3. 액자 ①, ②의 줄기를 백 스티치합니다. 액자 ③의 패턴들은 스트레이트와 백 스티치로 수놓습니다.

4   액자 ④의 꽃과 줄기, 흰색 테이프, 액자 ⑤의 테두리와 곳곳의 식물 줄기들을 아웃라인 스티치로 수놓습니다. 액자 ②의 초록색 잎들은 새틴 스티치하고, 남은 줄기들은 아웃라인 스티치로 표현합니다.

5   액자 ①, ②, ③의 테두리를 각각 3줄로 체인, 그 위를 실 4줄로 감아 휘프트 체인합니다. 너무 당기지 말고 모양을 잘 잡아가며 감아줍니다.

6   프렌치넛 스티치로 도안의 점들을 표현합니다. 액자 ①의 작은 꽃송이들은 줄기 위쪽부터 아래로 3줄 3회, 3줄 2회, 3줄 1회 이런식으로 감아 크기를 점점 작게 만들어주세요.

7   30cm 정도로 짧게 자른 메탈사로 액자 ①의 테두리 안쪽을 아웃라인 스티치하고, 액자 ③의 나사 부분을 표기된 스티치로 표현합니다. 액자 ①의 꽃잎과 잎에 각각 어울리는 색의 실로 스트레이트 포인트를 주세요.

application

수틀 액자 만들기

1. 수놓은 원단을 손세탁한 후 다림질하여 준비합니다.
2. 캔버스 액자 위에 원단을 올리고 위치를 잘 맞춘 후 뒤집어줍니다.
3. 실 3줄을 60cm 정도로 길게 잘라 준비합니다. 실은 아무 색이나 상관 없습니다. 실을 바늘에 꿰어 매듭지은 후 세로 방향으로 원단을 팽팽하게 당겨가며 사진과 같이 지그재그로 고정해줍니다. 2~3cm 정도의 촘촘한 간격으로 꿰어 조여야 원단이 울지 않고 반듯해집니다.
4. 포장하듯 원단을 안쪽으로 접어 과정 3과 같은 방법으로 가로로 왔다갔다해 고정합니다.
5. 뒷면의 실 부분이 가려지도록 접착 펠트지를 캔버스 크기대로 잘라 붙여줍니다.
6. 네모 반듯한 액자가 완성되었습니다.

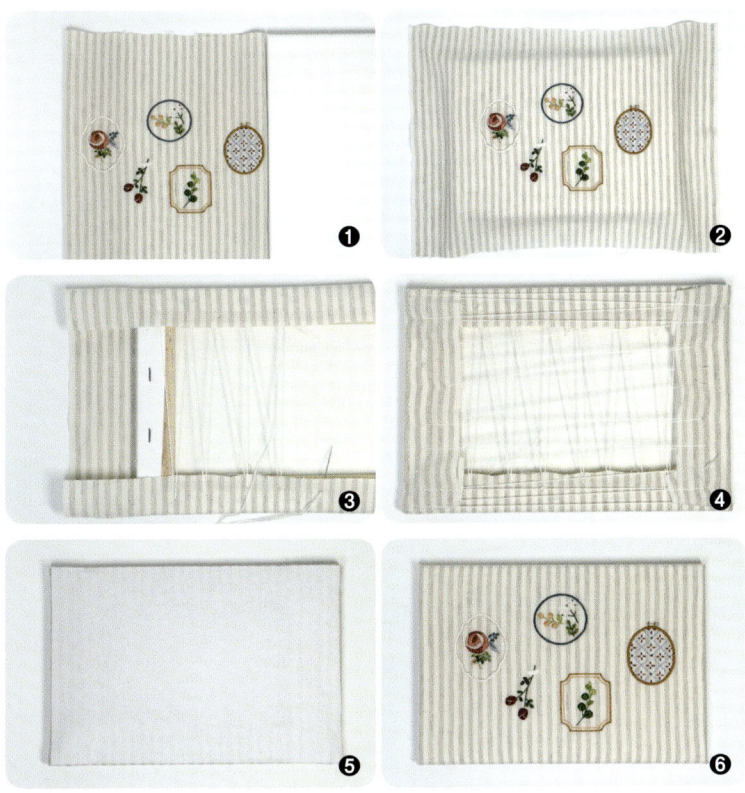

바늘케이스와 핀 쿠션

자수에 푹 빠진 저는 어딜 가나 틈나는 대로 작업을 하고 싶었어요.

외출하기 전이면 자수 용품들을 하나 둘 챙겼는데,

작은 여행 가방을 꾸리는 느낌이 들더라고요.

여행 짐을 챙길 때 빠진 게 있을까 평소보다 꼼꼼히 챙기곤 하잖아요,

설레는 감정도 다른 날보다 크고요.

그래서 조그마한 여행 가방 모양으로 바늘케이스를 만들어보았답니다.

가방에 깜찍한 네임 태그 모양의 핀 쿠션도 달아주었더니

케이스를 챙길 때마다 매번 설레는 마음이 듭니다.

preparation
준비하기

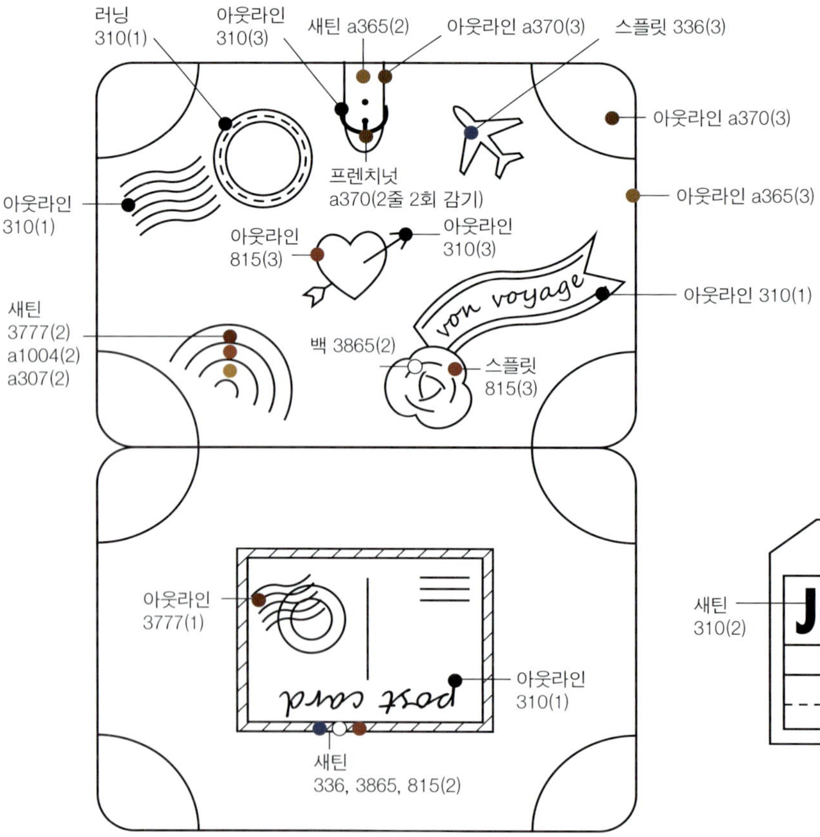

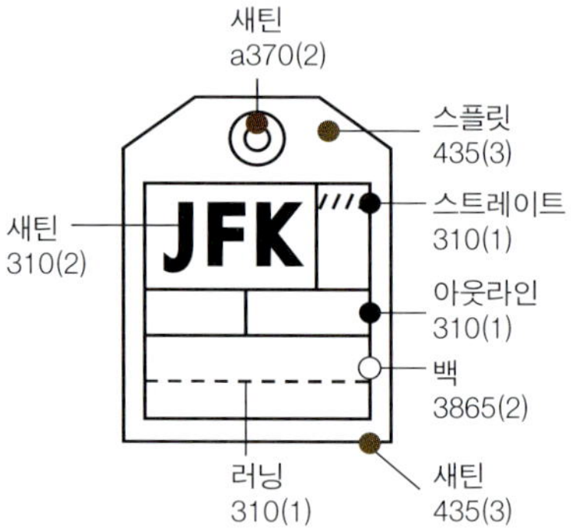

스티치	자수실			추가 준비물
스트레이트, 러닝	● 310	● 336	● 435	끈 2개(10cm)
아웃라인, 백	● 815	● 3777	○ 3865	도톰한 원단 심지
프렌치넛, 새틴, 스플릿	● a307	● a365	● a370	마스킹 테이프
*이 장에서 소개하지 않은 스플릿 스티치는 76쪽을 참고해주세요.	● a1004			솜, 시침핀

embroidery

수놓기

1. 원단 먹지를 이용해 도안을 원단에 옮깁니다. 왼쪽의 우편도장 원 안에 원하는 날짜를 수성펜으로 적어주세요.
2. 수틀을 끼우고 가방의 네 귀퉁이를 아웃라인 스티치로 채워주고, 전체 테두리도 아웃라인 스티치로 수놓습니다.
3. 비행기와 장미꽃을 스플릿 스티치합니다. 비행기는 머리부터 꼬리 방향으로 수놓고 장미꽃은 바깥쪽에서 안쪽으로 들어오며 면을 채워주세요.
4. 케이스의 잠금 부분과 무지개, 엽서 테두리를 새틴 스티치합니다.

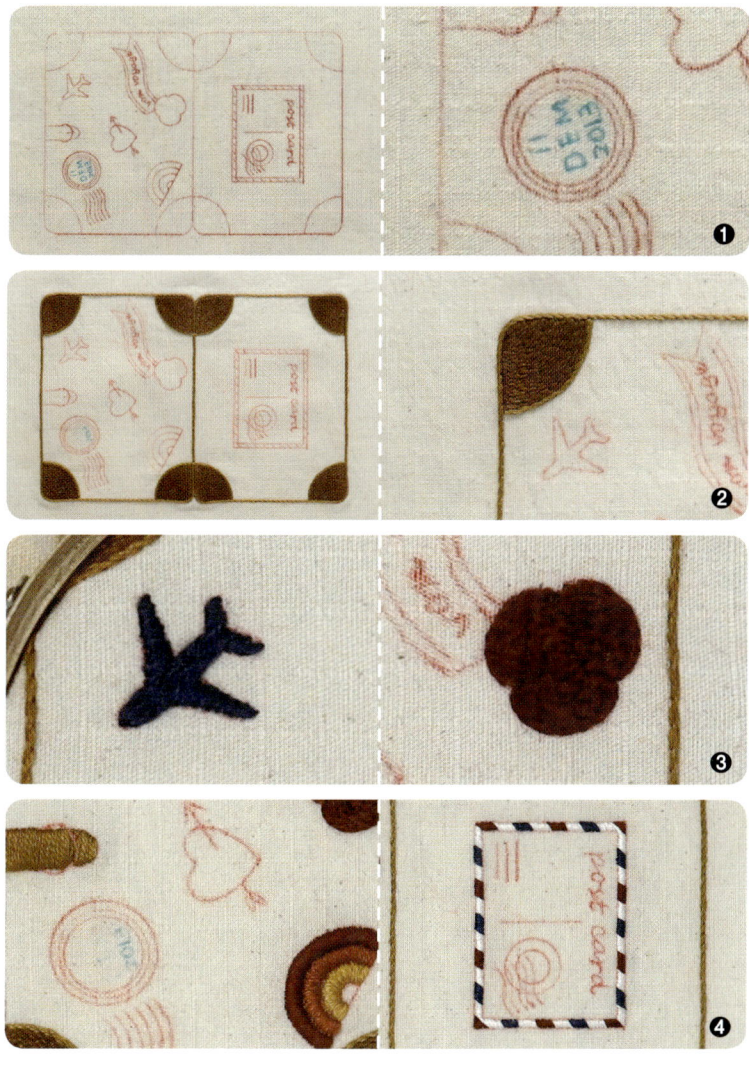

5 곳곳의 선들을 아웃라인 스티치합니다. 레터링 자수를 할 때는 한 땀을 1mm 정도로 아주 짧고 섬세하게 작업해야 자연스럽고 또렷한 글자를 표현할 수 있습니다.

6 케이스의 잠금 부분에 프렌치넛 스티치를 수놓고 테두리는 아웃라인 스티치합니다. 하트 무늬와 남은 레터링 자수는 아웃라인 스티치로, 장미꽃 안쪽의 선은 백 스티치로, 날짜 레터링 원의 포인트 선은 러닝 스티치로 수놓습니다. 레터링은 여러 스티치로 수놓아보며 스스로에게 좀 더 편한 기법을 찾아보세요.

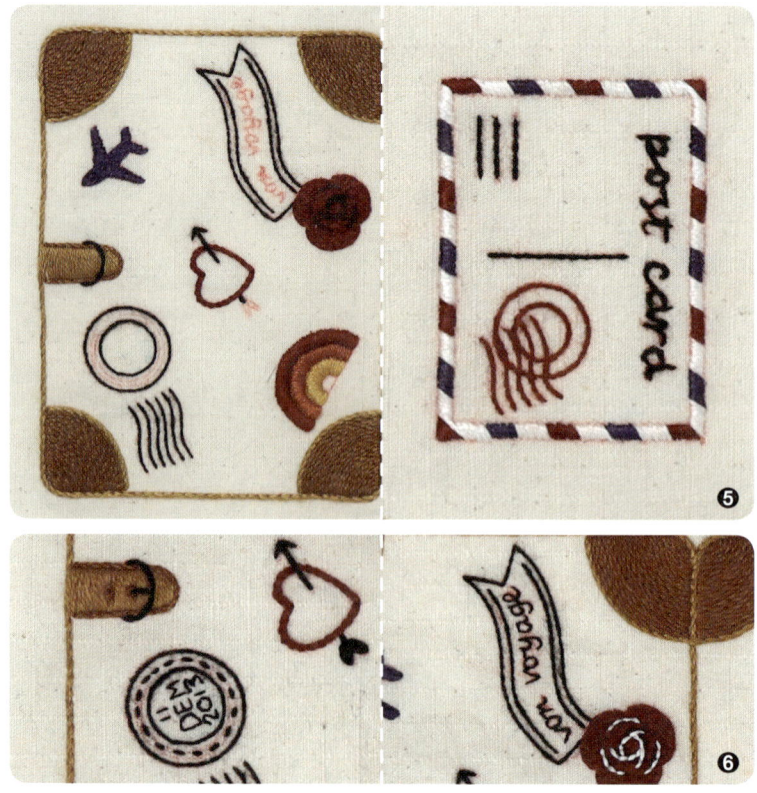

7   원단 먹지를 이용해 태그 도안을 다른 원단에 옮깁니다. 반으로 겹쳐 바느질 하면 편하니 도안을 원단 중앙보다 살짝 옆쪽에 그려주세요.

8   수틀을 끼우고 스플릿 스티치로 넓은 면적을 먼저 채워줍니다. 위쪽부터 차례로 채워나가고 아래쪽의 좁은 면적은 새틴 스티치합니다.

9   아웃라인 스티치로 안쪽의 선을 수놓고 짧은 선은 스트레이트합니다. 아웃라인 스티치한 바깥쪽을 백 스티치하여 스플릿 스티치한 부분을 깔끔하게 정리해줍니다. 점선 부분을 러닝 스티치로 수놓습니다.

10 JFK 레터링을 새틴 스티치하고 태그 위쪽의 원은 도넛 모양으로 새틴 스티치 합니다.

11 가방 안감이 될 부분을 수놓을 차례입니다. 수놓지 않고 원단 그대로 써도 되지만 가방 속 같은 느낌을 내기 위해 사진처럼 간단하게 선을 그려주세요.

12 도안의 바깥쪽 선은 박음질해줄 선이므로 안쪽의 도안선들만 아웃라인 스티치로 수놓습니다.

바늘케이스와 핀 쿠션 만들기

application

1. 손세탁 후 다림질까지 끝낸 겉감과 안감, 원단 심지, 끈 2개를 준비합니다. 원단 심지에 바늘을 끼워 보관할 것이니 살짝 도톰한 두께로 준비합니다.
2. 손잡이가 될 끈을 겉감 양쪽의 같은 위치에 올리고 마스킹 테이프로 고정해줍니다.
3. 겉감은 그대로 둔 채 안감을 뒤집어서 올리고 그 위에 심지를 겹쳐둡니다. 겉감과 안감 테두리 위치를 잘 맞춰서 3장을 시침핀으로 고정합니다.
4. 겉감 테두리에 수놓은 아웃라인 스티치 선 바로 바깥쪽을 박음질(22쪽)해줍니다. 가방 한 면 부분에 창구멍을 남겨두고 박음질한 후 0.5cm 정도 바깥에 재단선을 그립니다. 창구멍 부분은 좀 더 넓은 면적을 확보해 주세요.
5. 재단선을 따라 자른 후 사방의 둥근 모서리들은 0.2cm 정도 간격으로 자잘한 가위집을 내줍니다.
6. 창구멍 쪽에 손을 넣어 뒤집고 공구르기(23쪽)로 창구멍을 막아줍니다. 끈을 고정해두었던 마스킹 테이프는 제거합니다.

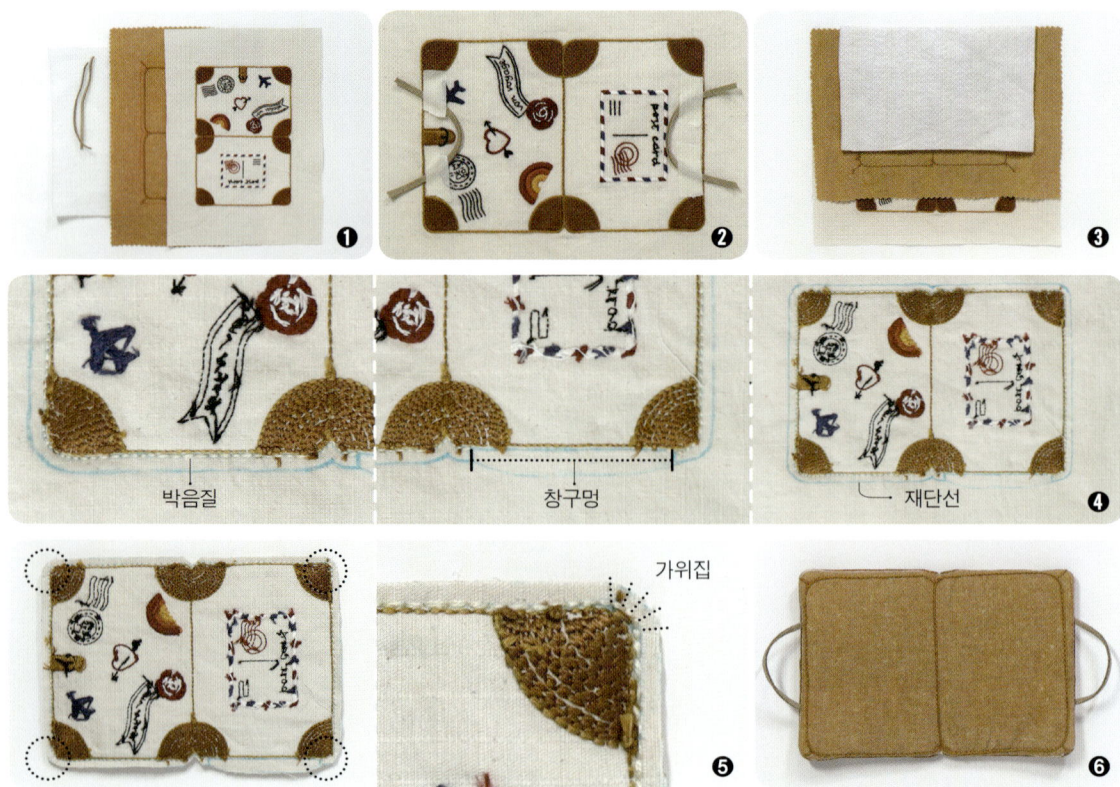

7   태그를 만들어줄 차례입니다. 태그 도안을 수놓은 원단을 준비합니다.

8   원단을 반으로 접어 위아래를 시침핀으로 고정하고 도안의 테두리를 따라 박음질해줍니다. 이때 창구멍은 솜을 넣기 편하게 한 면 전체를 남겨주세요.

9   박음질이 끝나면 사방 0.2cm 정도 바깥쪽에 재단선을 그립니다. 크기가 작은 소품이니 재단선과 도안 테두리 사이의 면적도 좁아져야 합니다. 좌우의 재단선은 좀 더 넉넉하게 0.3cm 정도 남겨주세요.

10 뒤집은 후 창구멍으로 솜을 넣습니다. 너무 많이 넣어 빵빵한 느낌을 주지 말고, 폭신한 정도로만 넣어주세요.

11 솜이 튀어나오지 않게 힘주어 태그를 잡은채 공구르기로 창구멍을 막아줍니다.

12 ecru번사 6줄을 10cm로 잘라 태그에 달아줍니다.

13 케이스 손잡이에 태그를 묶어 마무리합니다.

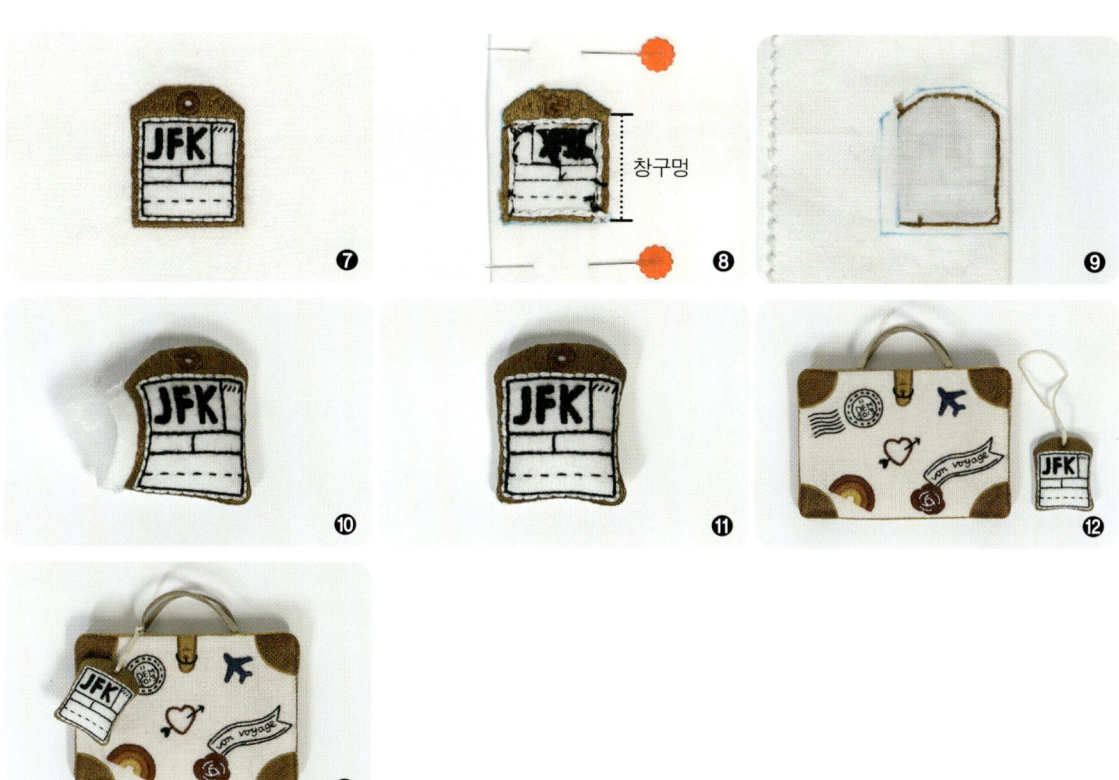

· Chapter 2 ·

밀도 있게 채우는
평면 자수

×××

1장에서 기본기를 다졌다면 이제 응용법을 익혀서 반복해볼 차례예요. 기본 스티치를 변형해 수놓아보면서 조금 더 다채로운 작품을 완성해볼까요? 기본기를 잘 익혀둔 덕분에 자수에 더욱 몰입할 수 있을 텐데요, 이렇게 집중하다 보면 복잡한 생각은 잊히고 진정한 나의 시간을 갖게 될 거랍니다. 자수의 가장 큰 매력인 것 같아요.

이번 장에서 주로 사용하는
9가지 스티치

스티치 소개 페이지에서는 **실 3줄**과 **5호 바늘**을 이용하여 수놓았습니다.

스플릿 스티치

✕ '나누다'라는 뜻의 스플릿! 바로 앞 땀의 가운데 부분에 실을 통과시켜 반씩 겹쳐서 수놓는 기법입니다. 쉽고 간단하게 선이나 면을 채울 수 있답니다.

● 선

1 스트레이트로 한 땀을 수놓습니다.
2 한 땀 간격인 2~3mm 만큼 앞쪽으로 옮겨 바늘을 빼내 과정 1에서 스트레이트한 실 가운데에 꽂아줍니다.
3 원단 뒤에서 바늘을 당겨 실을 빼줍니다.
4 같은 방법으로 도안의 끝까지 간격을 유지하여 수놓고 매듭지어 마무리합니다.

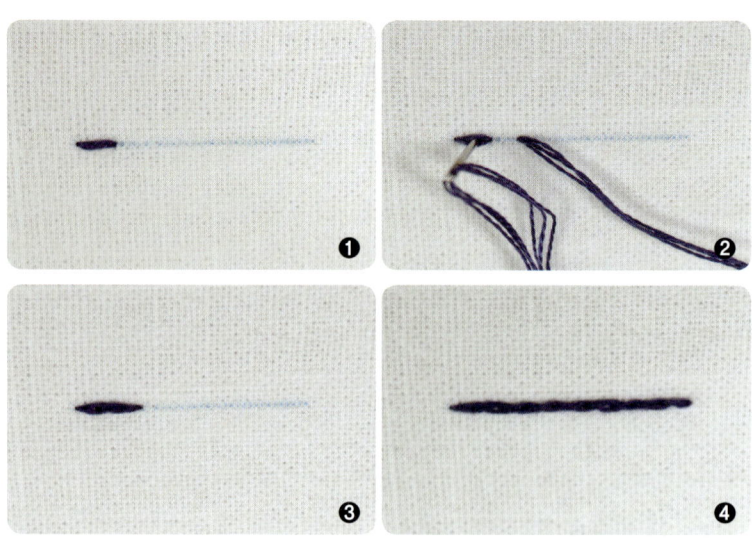

● 면

1 기본 원리는 선을 만드는 것과 같습니다. 면을 채울 때는 땀의 길이나 간격이 들쑥날쑥해도 되니 자유롭게 수놓습니다. 수놓아진 땀 가운데에서 바늘이 나와도 상관없습니다.
2 수놓아진 땀에서 나온 바늘로 한 땀을 만드는 모습입니다.
3 면을 편하게 채운 후 매듭지어 마무리합니다.

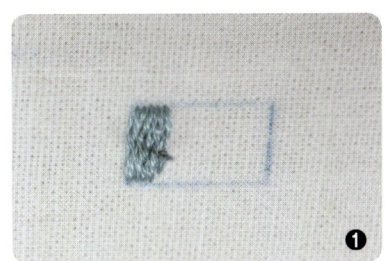
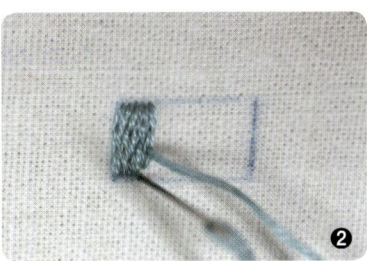
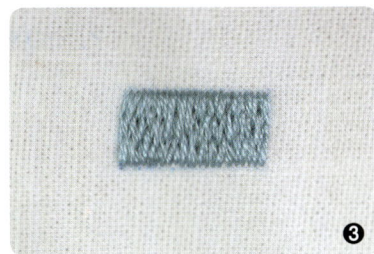

리프 스티치

※ 잎을 뜻하는 리프(leaf). 이름처럼 나뭇잎 모양을 수놓을 때 자주 사용하는 기법입니다.

1. 잎 중앙선의 1/3 정도 길이만큼 스트레이트로 수놓습니다.
2. 스트레이트 땀을 기준으로 플라이 스티치(38쪽)하듯 왼쪽에서 바늘을 빼내 오른쪽으로 넣어줍니다. 이때 실이 다 들어가지 않도록 엄지손가락으로 잡아주세요.
3. 스트레이트 땀 시작점의 아래쪽 구멍으로 바늘을 빼내 당겨주세요. 이때 바늘은 고리 위쪽으로 빼며, 잡고 있던 실을 놓아줍니다.
4. 당겨진 실의 바로 아래에 바늘을 넣어 고정해줍니다.
5. 잎의 V자 각도를 끝까지 유지하며 반복해 촘촘하게 수놓아주세요.
6. 매듭지어 마무리합니다.

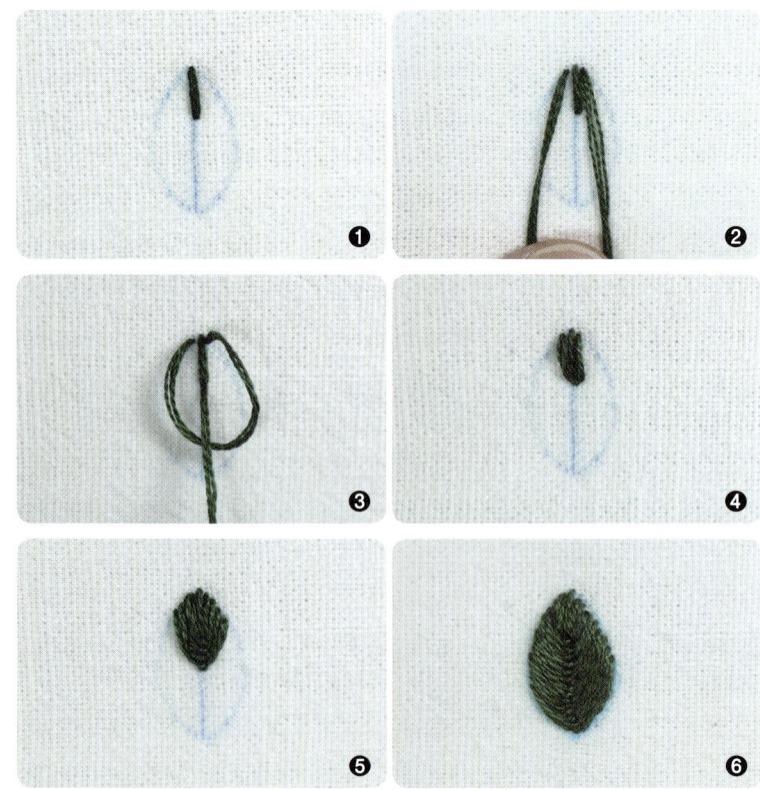

피스틸 스티치

※ 작은 점을 만드는 기법인 프렌치넛 스티치(35쪽)에 기둥이 달린 모양으로 꽃의 수술 등을 표현할 때 사용합니다.

1. 원단 위로 바늘을 빼낸 후 실을 한 손으로 팽팽하게 당겨주세요. 다른 손에 바늘을 잡고 당긴 실 위에 십자 형태로 교차되게 올려줍니다.
2. 그대로 실을 바늘에 2회 감아줍니다.
3. 실을 잡은 손은 그대로 둔 채 바늘을 도안의 길이만큼 움직여 원단에 꽂아줍니다.
4. 실이 딸려가지 않게 계속 잡은 채로 바늘을 원단 뒤로 빼줍니다.
5. 실이 기둥의 왼쪽에 고정되게 모양을 잡아주며 바늘을 당겨 매듭지어주세요.
6. 왼쪽은 바늘에 2회 오른쪽은 3회 감아준 모습입니다.

Tip 고정하는 실이 기둥 왼쪽에 오도록 수놓아야 점의 모양이 찌그러지지 않습니다. 마지막까지 실이 기둥 옆에 올 수 있도록 위치를 잡아가며 모양을 만들어주세요.

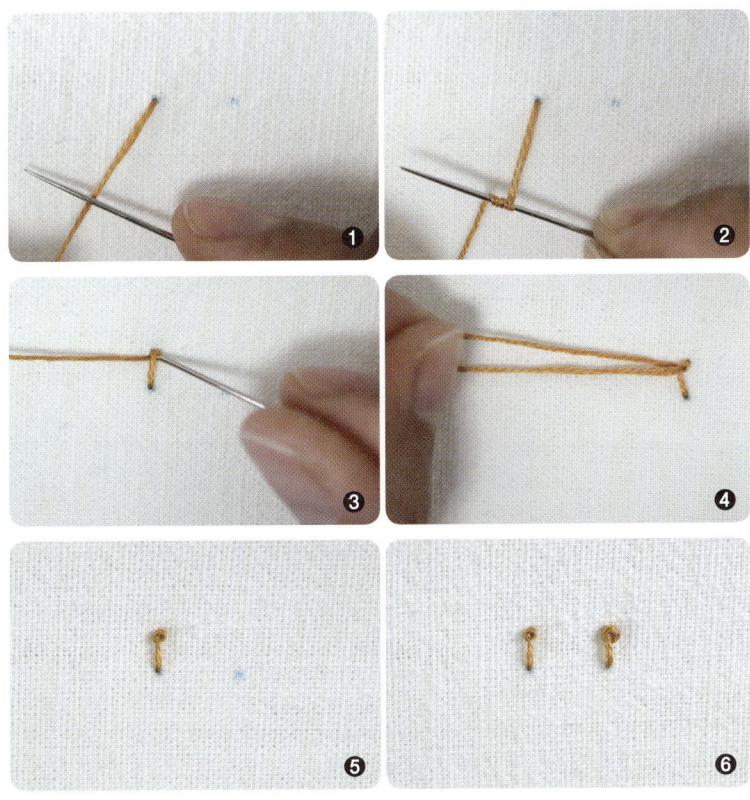

레이지데이지 스티치

✕ 꽃 모양을 수놓을 때 많이 사용하는 기법으로 실을 세게 당기지 않고 계속 꽃잎 모양을 잡아가며 수놓는 것이 중요합니다.

● 선

1. 원단 위로 바늘을 빼낸 후 실을 한 손으로 당겨주고 같은 구멍으로 바늘을 넣어줍니다.
2. 도안의 끝으로 바늘을 빼내 걸친 채 실이 바늘 아래에 오도록 합니다.
3. 고리가 만들어지도록 바늘을 빼냅니다.
4. 고리의 바로 아래쪽에 바늘을 넣고 매듭지어 마무리합니다.

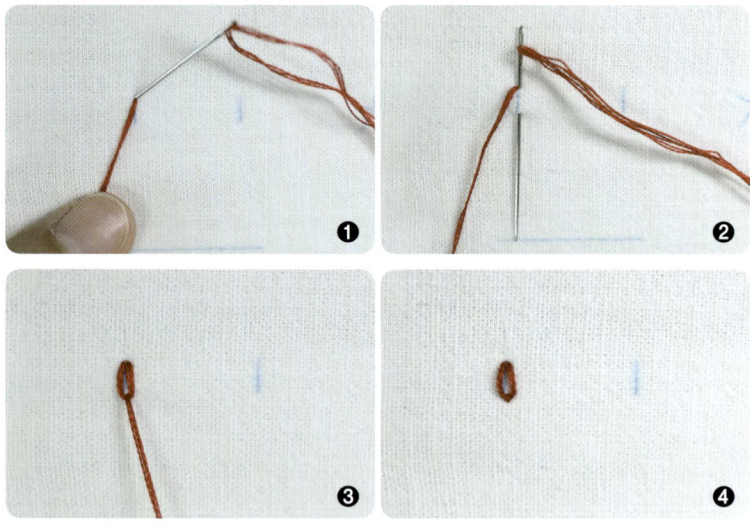

● 면

1   레이지데이지 스티치를 한 번 수놓은 후 시작점과 같은 구멍으로 실을 빼내 스트레이트를 합니다.
2   빈 공간이 보이면 한두 번 더 스트레이트한 후 매듭지어 마무리합니다.

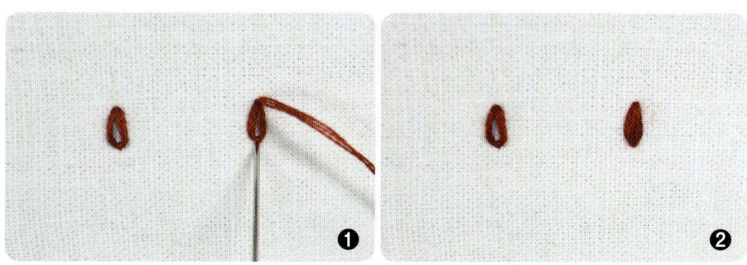

● 꽃 모양

1   레이지데이지 스티치로 꽃을 표현할 때는 꽃의 중심에서 스티치를 시작합니다.
2   5개의 꽃잎 중 먼저 3개의 꽃잎을 사진과 같이 수놓아줍니다.
3   나머지 2개의 꽃잎을 수놓아 5개의 꽃잎이 서로 겹치지 않게 해줍니다.

🔖 Tip   고리를 만들고 실을 뺄 때 힘주어 확 당기면 길쭉한 모양이 되어 예쁘지 않으니 물방울 모양을 만든다고 생각하며 수놓습니다.

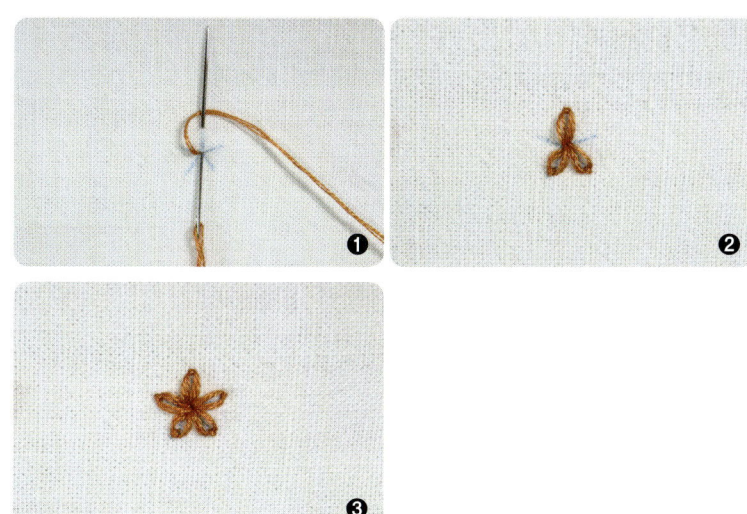

버튼홀 스티치

※ 버튼홀(button hole)이란 이름처럼 본래 단춧구멍을 수놓을 때 사용하는 기법입니다. 프랑스 자수에서는 면을 채우거나 아플리케(189쪽) 등에 다양하게 사용해요.

● **직선(사다리 모양)**

1. 수성펜으로 스티치할 간격을 그려줍니다.
2. 도안의 왼쪽 끝에서 바늘을 빼내 대각선 아래에 꽂아줍니다.
3. 바늘을 수직 방향으로 꺾어 위쪽으로 빼내 걸친 후 실을 바늘 아래에 위치시킵니다.
4. 실이 직각으로 걸리게 당겨주고 다시 대각선 아래로 바늘을 넣어줍니다.
5. 도안 끝까지 반복하여 스티치한 후 마지막 땀의 바로 옆으로 바늘을 넣어줍니다.
6. 매듭지어 마무리합니다.

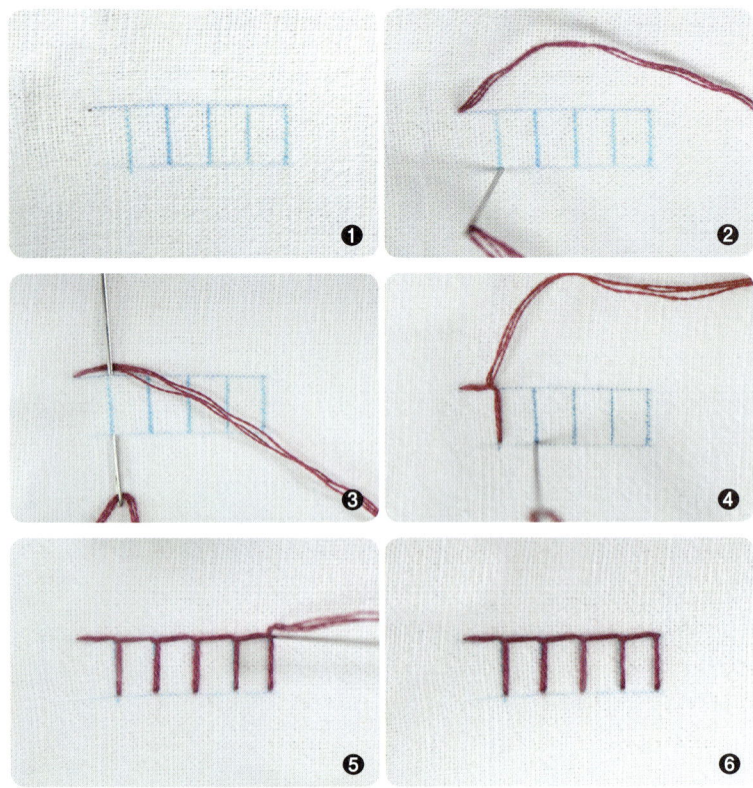

● 원

1 원도 직선과 마찬가지로 적당한 간격으로 나눠 선을 그린 후 바늘을 도안선 바깥쪽에서 빼내 가운데 점으로 꽂아줍니다.
2 가운데 점에서 바늘을 꺾어 다음 위쪽의 도안선으로 빼내 걸친 후 실을 바늘 아래에 위치시켜 당깁니다.
3 같은 방법으로 한 바퀴 빙 둘러 버튼홀 스티치를 합니다.
4 마지막 땀은 제일 처음 만들어진 땀 사이로 실만 통과시켜 바늘을 넣어주세요.
5 바늘을 가운데 점으로 넣고 매듭지어 마무리합니다.

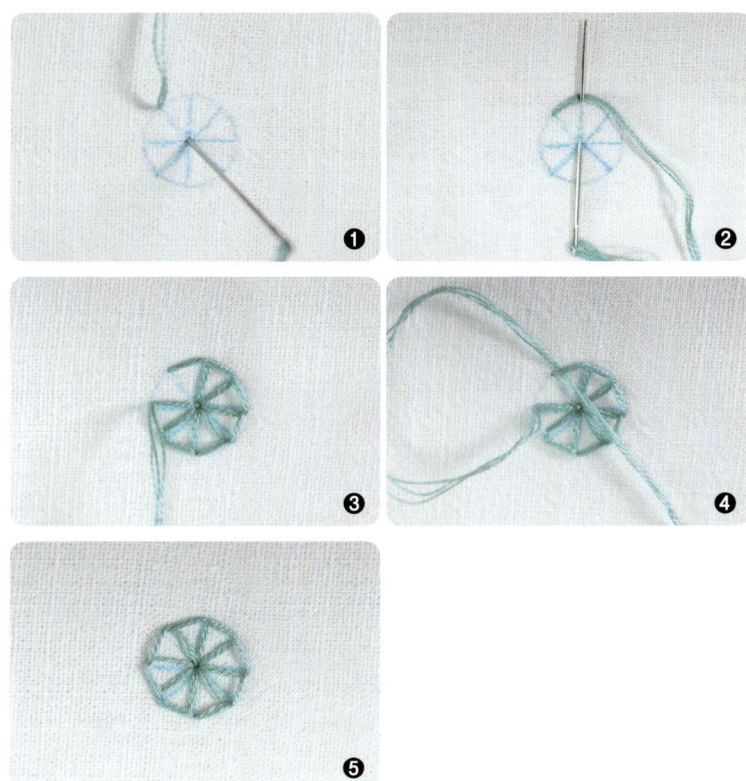

롱앤숏 스티치

✕ 길고 짧은 땀을 번갈아가며 연속해서 수를 놓아 면을 채우는 기법입니다. 처음 배울 때는 헷갈릴 수 있으니 사진처럼 여러 색깔의 실로 연습해보세요. 이 기법은 꽃잎 같은 자연물을 수놓을 때 특히 자주 사용합니다.

● **사각형**

1. 사진과 같이 채우고자 하는 면을 2~3mm 기본 땀 크기로 나눠주세요. 채우고자 하는 면의 왼쪽 끝에서 바늘을 빼내 두 칸에 걸쳐 길게 스트레이트 합니다.
2. 바로 옆에 밀착시켜 한 칸 길이의 스트레이트를 수놓습니다.
3. 긴 땀과 짧은 땀을 계속 번갈아 수놓아 면의 끝까지 채워줍니다.
4. 색을 바꿔 두 칸 길이의 스트레이트로 시작하여 노란색 짧은 땀 사이를 채워가며 스트레이트 해줍니다. 길이는 계속 두 칸 길이의 롱 스티치입니다.
5. 가장 위쪽의 남은 한 칸을 스트레이트로 채워줍니다.

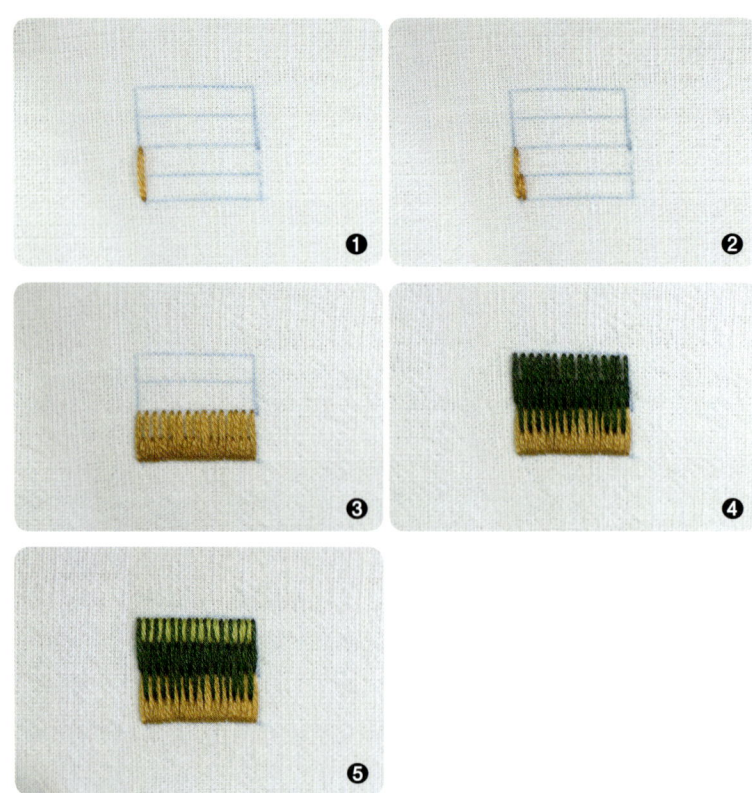

● **곡선이 포함된 면**

1 곡선이 포함된 면은 좁은 면부터 길고 짧은 땀을 번갈아가며 채워줍니다.

2 다음 칸도 롱 스티치로 시작하고 아래보다 넓어진 면적만큼 여러 땀의 롱 스티치로 한 칸의 남은 공간을 채워줍니다.

3 넓어진 면을 여러 땀으로 꼼꼼히 채우며 완성해 주세요.

Tip 도안의 형태가 조금 복잡하면 어렵게 느끼실 수 있는데, 기본적으로 좁은 면부터 시작하여 땀의 수를 늘려나간다고 생각하며 수놓으면 쉬울 거예요. 굴곡이 많은 도안이라면 땀의 수를 과감하게 줄였다가 다시 늘리는 방식으로 진행하고, 면적이 넓다면 새틴 스티치(36쪽)할 때처럼 절반을 나눠 한쪽 면을 먼저 채우는 것도 좋은 방법입니다.

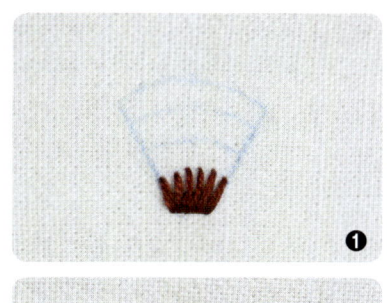

블리온 스티치

✕ 바늘에 실을 돌돌 감아 빼서 입체적인 선을 표현하는 방법이에요. 감는 횟수에 따라 길이가 달라집니다.

1. 도안의 위쪽에서 바늘을 빼내 아래쪽으로 바늘을 꽂은 후 다시 시작점의 바로 옆 지점으로 바늘을 빼내 사진처럼 걸쳐 놓습니다.
2. 손가락으로 바늘을 살짝 들어 올려 실을 감아주는데 도안의 길이보다 한 두 번 더 감아주세요.
3. 감은 실을 살짝 잡아 고정하면서 바늘을 세워줍니다.
4. 실이 풀리지 않도록 손가락으로 잡은채 바늘을 살살 빼냅니다.
5. 잡았던 손을 풀고 감긴 실의 모양을 잡아가며 원단에 밀착해 주세요.
6. 도안 맨 아래의 구멍으로 바늘을 넣어줍니다.
7. 매듭지어 마무리한 후 모양을 잘 잡아주면 완성입니다.

🔖 **Tip** 바늘에 실을 감을 때는 설렁설렁한 느낌으로 감아야 실을 빼낼 때 수월합니다. 프랑스 자수용 바늘의 귀는 몸통보다 두껍기 때문에 너무 힘을 주어 빡빡하게 감으면 실을 빼내기가 힘듭니다. 블리온 스티치로 만드는 선은 바늘의 굵기, 감을 때의 힘, 감는 실의 가닥수 등에 따라 굵기가 달라집니다.

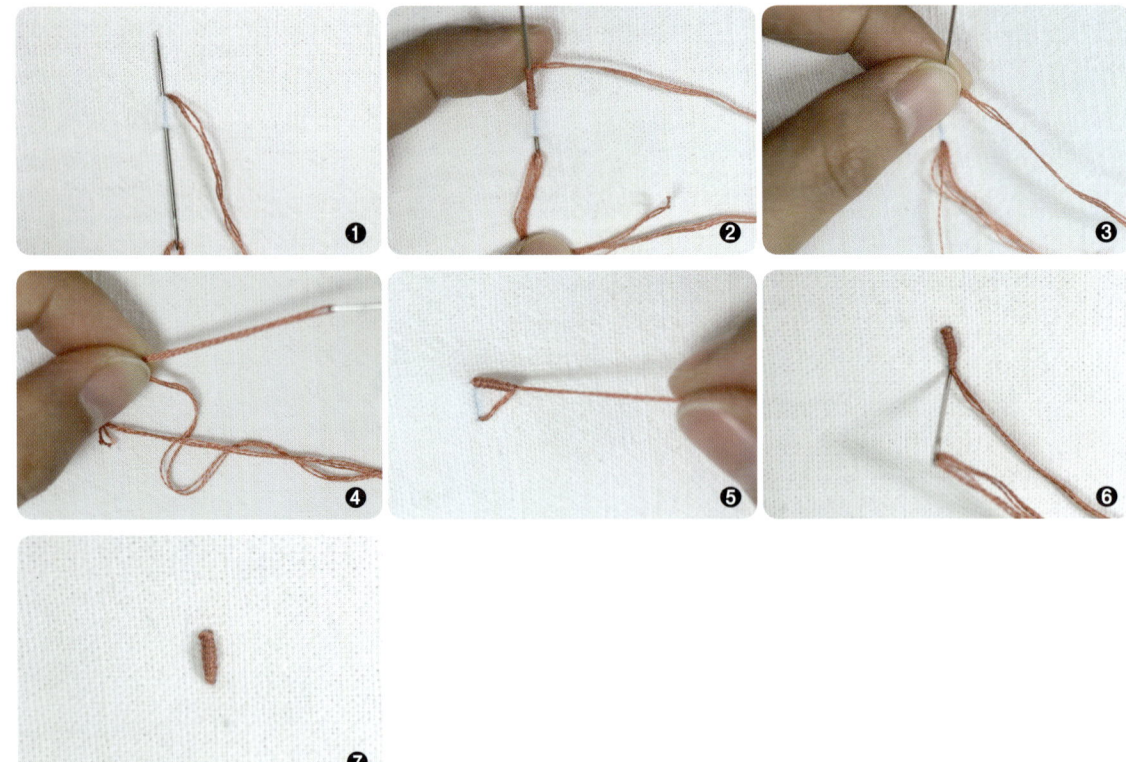

블리온 레이지데이지 스티치

✕ 블리온 스티치와 원리는 같으나 도안의 길이보다 더 많이 감은 후 접어서 모양을 내는 것이 특징입니다. 꽃잎이나 잎 등 다양한 형태를 표현할 수 있습니다.

1. 도안의 아래쪽에서 바늘을 빼내 바로 옆 원단을 바늘로 떠서 걸쳐 놓습니다.
2. 손가락으로 바늘을 살짝 들어올린 후 도안의 길이보다 2배 반 정도 더 길게 감아줍니다.
3. 바늘을 살살 빼내며 오른쪽으로 휘어 모양을 만든 후 시작점과 같은 구멍에 바늘을 넣어 고정합니다.
4. 고리의 가운데로 바늘을 빼낸 후 스티치의 두께만큼 위로 바늘을 옮겨 넣어 줍니다.
5. 매듭지어 마무리한 후 모양을 둥그스름하게 잡아주면 완성입니다.

🔶 **Tip** 도안의 길이보다 2배 반 정도 감으면 원의 형태가 되고 이보다 감는 횟수를 늘리면 길쭉한 타원 형태가 됩니다. 원하는 형태에 따라서 감는 횟수를 조절하세요.

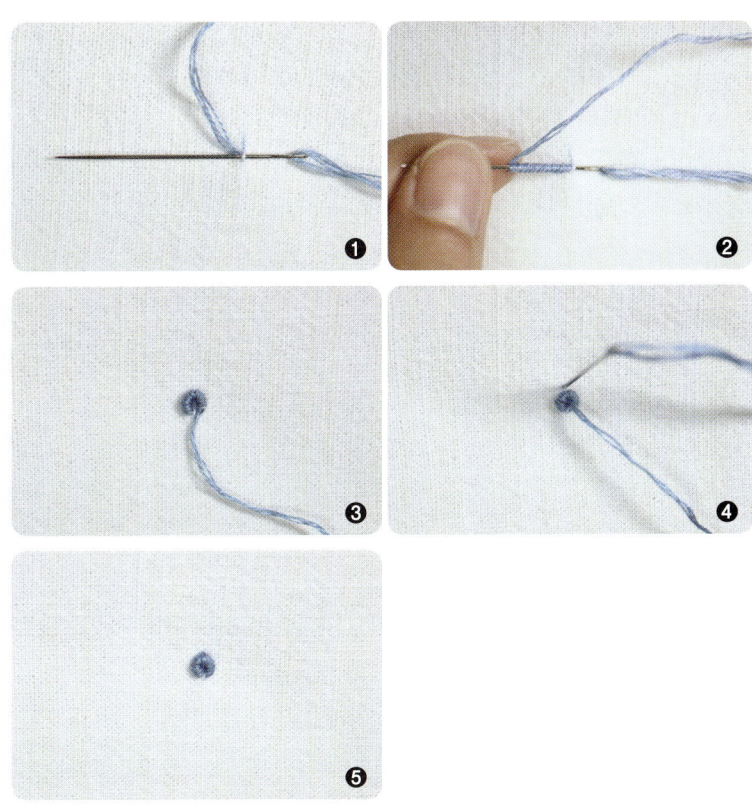

비즈 달기

✕ 구멍 뚫린 작은 구슬을 비즈라고 해요. 크기, 색깔, 모양이 다양해 원단 위에 고정하면 자수에 포인트를 줄 수 있지요. 비즈로 풍부한 색감과 질감을 표현해보세요.

● 선

1. 비즈의 구멍은 매우 작으므로 제일 얇은 9호 바늘을 준비합니다. 비즈와 비슷한 색의 실 1줄을 바늘에 꿰고 반 접어 매듭지어 주세요.
2. 바늘을 원단 위로 빼낸 후 도안의 길이만큼 비즈를 꿰어줍니다.
3. 도안의 끝에 바늘을 넣은 후 비즈 사이사이로 빼내 실을 짧은 땀으로 고정합니다.
4. 원단 뒤에서 단단히 매듭지어 마무리합니다.

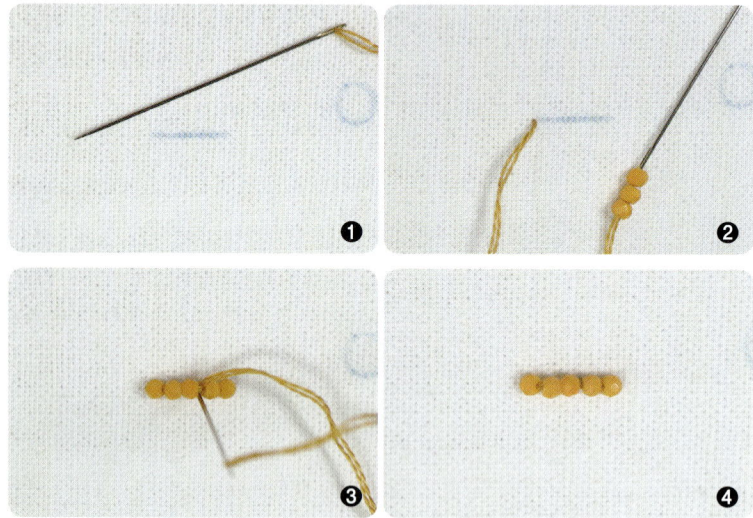

● 원

1 원 둘레의 길이만큼 비즈를 실에 꿰어준 후 시작점과 같은 구멍에 바늘을 넣어 줍니다.
2 비즈 사이사이로 바늘을 빼내 실을 짧은 땀으로 고정합니다.
3 매듭지어 마무리한 후 모양을 둥그스름하게 잡아 완성해 주세요.

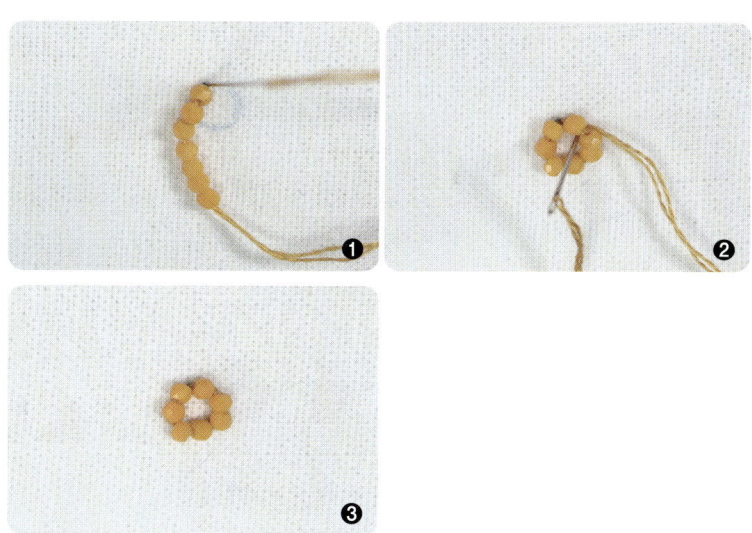

꽃자수 손거울

오래도록 인연을 이어가고 싶은 분이 있다면

한 땀 한 땀 정성을 새긴 꽃자수 손거울을 선물해보세요.

크기가 아담해 부담은 없으면서

정성은 가득해 진심을 전하기 좋을 거예요.

저는 '나를 생각해 주세요'란 꽃말이

마음에 와닿아 팬지꽃을 수놓아보았어요.

덴마크 꽃실을 사용했더니 부드럽고 화사한 색감이 표현되어

더욱 만족스러웠답니다.

preparation
준비하기

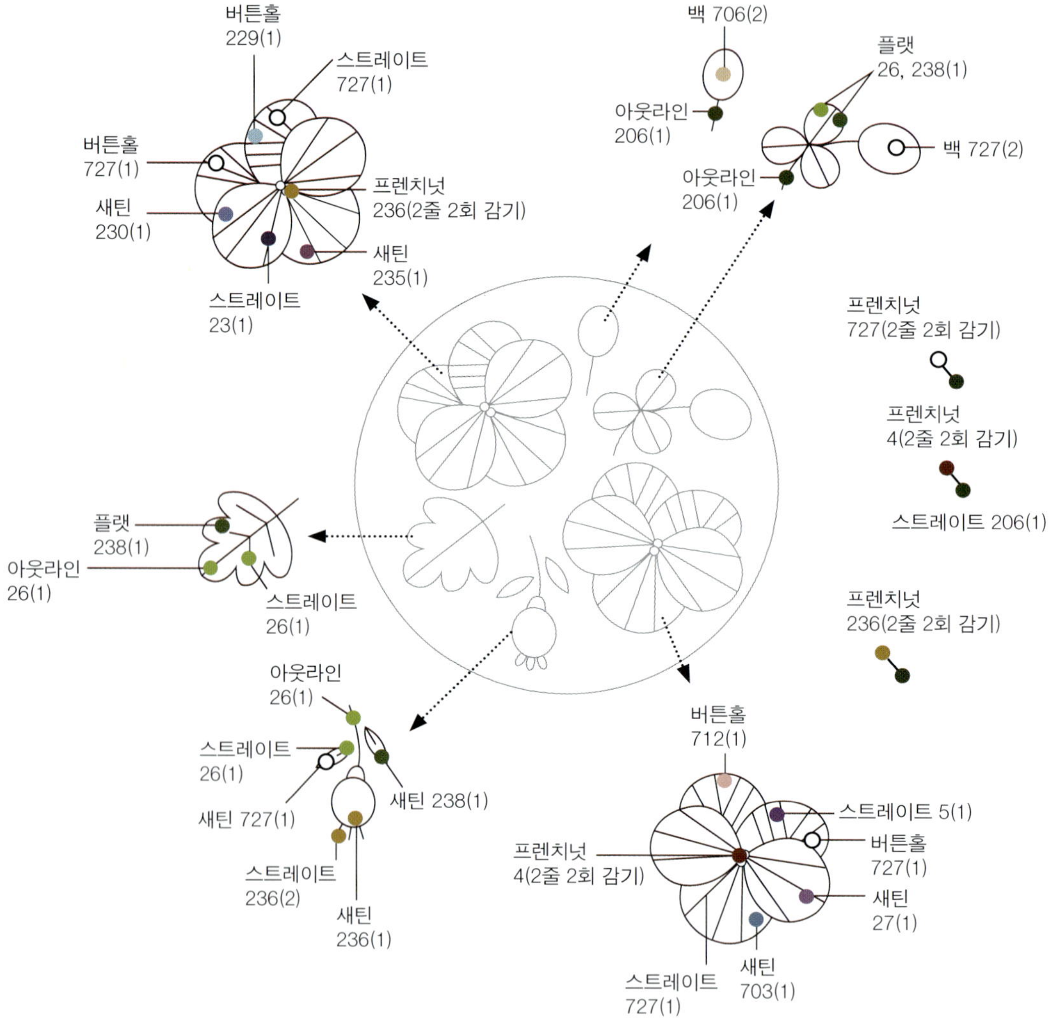

스티치	자수실 (덴마크 꽃실)			추가 준비물
스트레이트, 아웃라인	● 4	● 5	● 23	손거울 반제품
백, 프렌치넛	● 26	● 27	● 206	원단용 풀
새틴, 플랫, 버튼홀	● 238	● 229	● 230	
	● 235	● 236	● 703	
	● 706	● 712	○ 727	

embroidery
수놓기

1 도안의 테두리를 제외하고 안쪽 부분만 원단 먹지를 이용해 원단에 옮겨주세요. 꽃잎과 잎을 수놓을 때 방향을 고민하지 않도록 진행할 수의 결까지 표시해두면 좋습니다.

2 수틀을 끼우고 팬지꽃잎 3장을 새틴 스티치합니다. 이때 도안에 표시해 놓은 수의 결 방향대로 진행해주세요. 안쪽으로 스티치들이 모여 꽃이 자연스럽게 핀 느낌이 듭니다.

3 나머지 꽃잎 2장은 버튼홀 스티치로 최대한 촘촘하게 수놓고 빈 부분이 보이면 스트레이트로 채워줍니다.

4 스트레이트로 꽃잎에 포인트를 줍니다. 포인트는 새틴과 버튼홀 스티치의 수결과 방향이 같지 않아도 됩니다.

5 나머지 꽃잎도 같은 방법으로 수놓아 주세요.

6 잎은 가운데 선을 기준으로 한 쪽씩 플랫 스티치로 수놓습니다. 잎의 위쪽부터 짧은 선으로 조금씩 채워주세요. 이때 잎의 기울기를 일정하게 맞춰줘야 모양이 반듯해집니다.

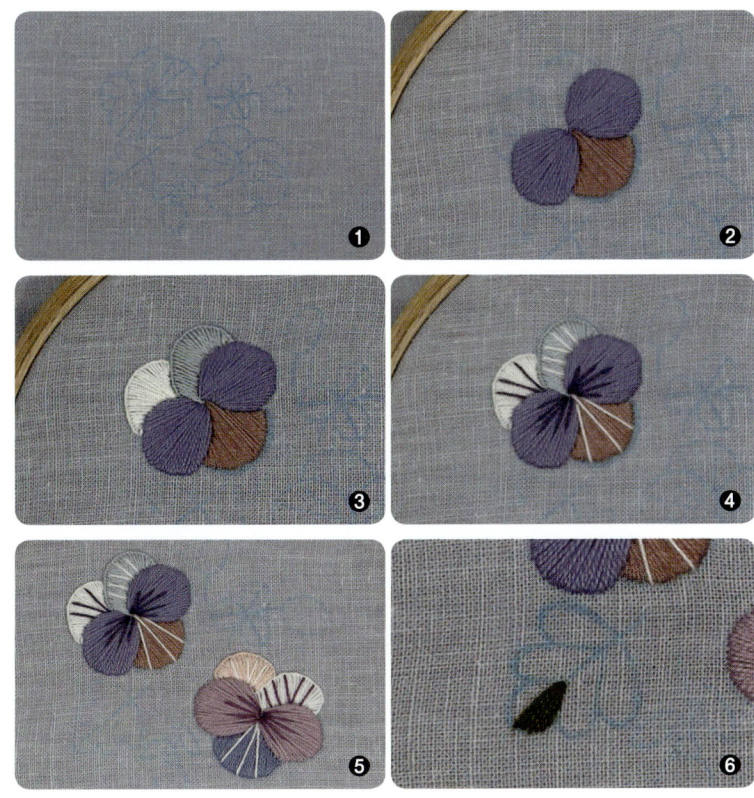

7 도안에 표시해놓은 잎의 각도를 잘 유지하며 잎을 모두 수놓습니다.

8 토끼풀도 같은 방법으로 수놓은 후 남은 도안에서 새틴 스티치해야 할 부분들을 모두 수놓습니다.

9 토끼풀 꽃을 백 스티치로 채워줍니다. 새틴 스티치 할 때와 마찬가지로 면을 절반으로 나눠 한 쪽씩 채워주세요.

10 아웃라인 스티치로 각 꽃들의 줄기를 수놓고, 스트레이트로 잎들에 포인트를 줍니다.

11 팬지꽃 중심에 프렌치넛 스티치로 2개의 수술을 수놓습니다. 이후 원단 여백에 수성펜으로 작은 꽃 수놓을 자리를 표시합니다.

12 표시한 점 위에 프렌치넛 스티치 1개를 수놓고 그 주위로 5개의 프렌치넛 스티치를 더해줍니다. 마지막에 짧은 스트레이트로 줄기를 표현해 주면 완성입니다.

application

꽃 손거울 만들기

1. 수놓은 원단을 손세탁한 후 다림질하여 준비합니다. 이후 손거울 마카롱 부분(반제품 중앙에 분리되는 볼록한 쇠판) 크기보다 3~4cm 정도 크게 잘라줍니다.

2. 40cm 정도로 길게 자른 실 3줄을 바늘에 꿰어 매듭지은 후 자른 원단 테두리보다 1cm 정도 안쪽 부분을 홈질(22쪽)해줍니다. 안쪽으로 가려지는 부분이라고 대충 홈질하면 나중에 조였을 때 원단이 울 수 있으니 촘촘하게 작업해 주세요.

3. 윗단 뒷면에 마카롱 부분을 뒤집어 올린 후 실을 힘껏 당겨 조여줍니다.

4. 실이 엇갈리도록 상하좌우로 바느질을 해줍니다. 원단이 팽팽하게 펴지도록 촘촘히 조여주고 매듭지어 마무리합니다.

5. 마카롱 부분 뒷면에 원단용 풀을 발라줍니다. 풀을 너무 많이 바르면 손거울 반제품에 붙였을 때 삐져나오니 테두리 안쪽으로 칠해줍니다.

6. 손거울 반제품에 올려 손으로 꾹꾹 눌러 붙여주면 완성입니다. 풀이 충분히 마를 때까지 기다렸다가 사용해 주세요.

과일 린넨 장바구니

아이와 함께 소꿉놀이하듯 장보기를 해보는 건 어떨까요?

두 가지 크기의 린넨 파우치에 싱그러운 과일을 수놓아

특별한 장바구니를 만들어보았습니다.

엄마와 커플 장바구니를 들고 신나서 장보는 아이의 모습을

상상하니 흐뭇한 미소가 지어지네요.

여름에는 네트백에 넣어 패션 아이템으로

코디하는 것도 추천해요.

preparation
준비하기

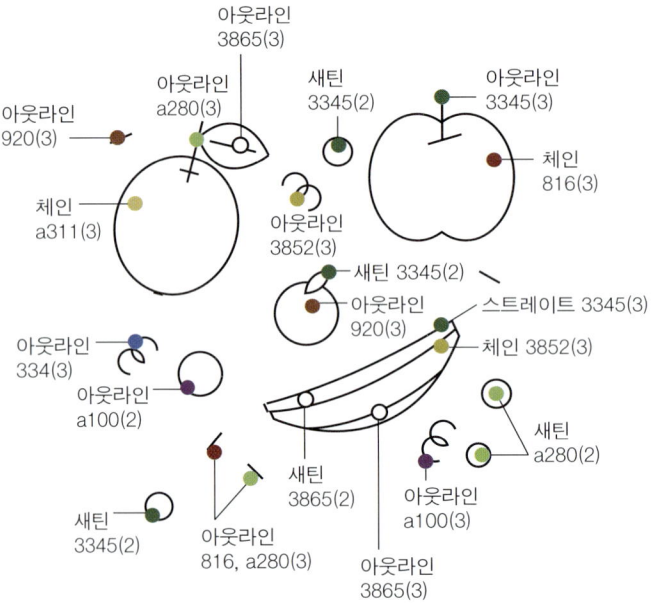

[작은 장바구니]

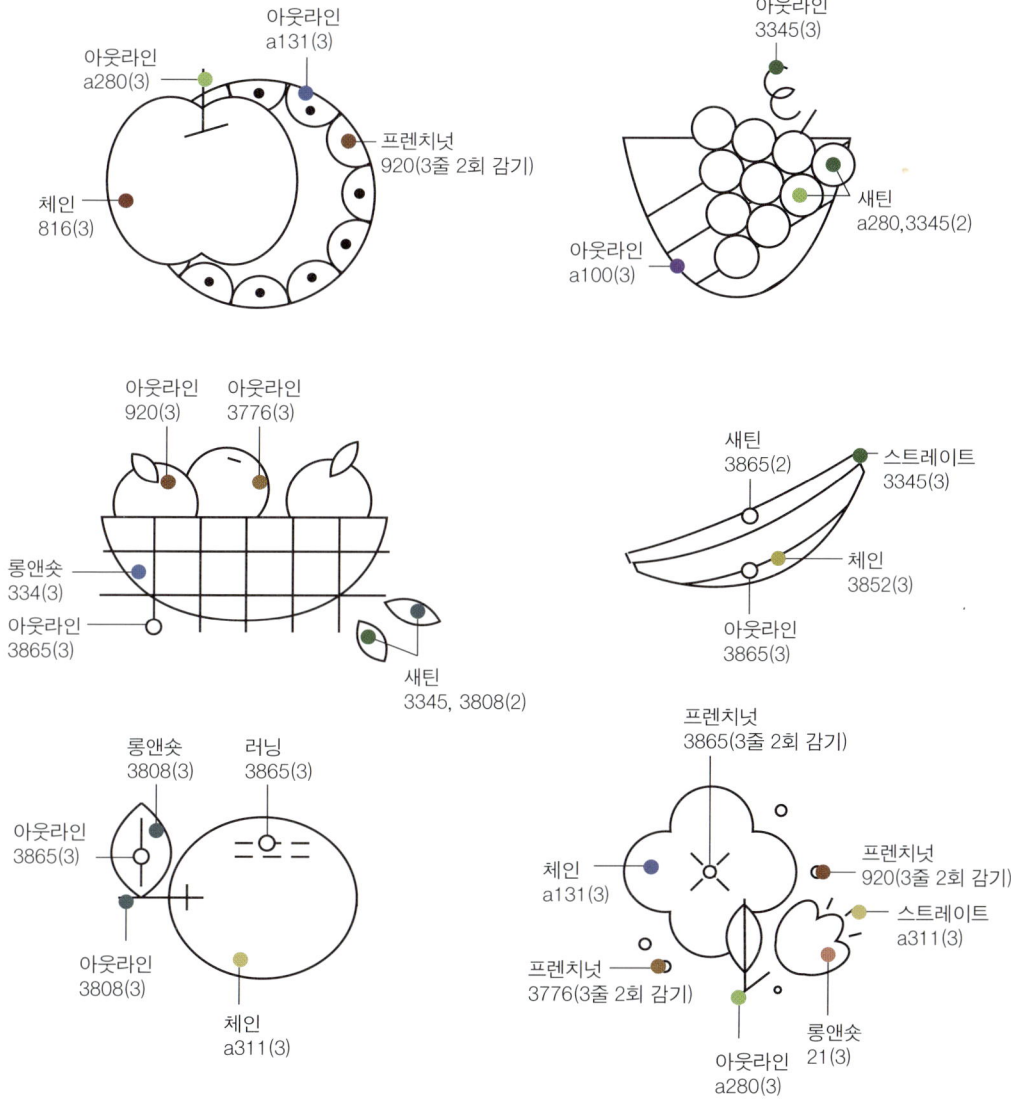

[큰 장바구니]

embroidery

수놓기

1. 원단 먹지를 이용해 큰 장바구니 도안을 파우치에 옮깁니다. 끈을 조였을 때 자수가 너무 가려지지 않도록 위치를 잘 정한 후 그려주세요. 파우치 끈이 걸리적거리지 않도록 위쪽으로 묶어둡니다.

2. 수틀을 끼우고 체인 스티치가 표기된 부분들을 도안선 바깥쪽부터 안쪽 방향으로 수놓아주세요. 면적이 넓은 곳에 수를 놓을 때는 각 줄이 너무 촘촘히 붙지 않도록 주의해 주세요.

3. 새틴 스티치가 표기된 부분들을 수놓습니다. 포도는 알알이 새틴 스티치의 방향이 서로 다르도록 수놓으면 더 예쁩니다.

4. 롱앤숏 스티치가 표기된 부분들을 수놓습니다. 그릇은 면적이 넓으니 땀의 길이를 좀 더 길게 해주고, 레몬 잎과 빨간 꽃은 면적이 좁으니 땀의 길이를 짧게 수놓습니다.

5. 아웃라인 스티치가 표기된 부분들을 수놓습니다.

6   프렌치넛 스티치와 스트레이트로 곳곳에 포인트를 주면 큰 장바구니 완성입니다.

7   작은 장바구니도 큰 것과 마찬가지로 끈을 조였을 때의 위치를 잘 생각하며 도안을 그려주고 끈을 묶어둡니다.

8   체인 스티치가 표기된 부분부터 수놓아주세요.

9   새틴 스티치가 표기된 부분들을 수놓습니다.

10 아웃라인 스티치가 표기된 부분들을 수놓습니다. 동그란 모양의 귤은 나선형으로 바깥쪽에서 안쪽으로 채워나갑니다.

11 도안의 나머지 부분들을 표기된 스티치로 수놓아 마무리해줍니다.

12 손세탁한 후 다림질해 주세요. 빨간 자수실은 처음 빨았을 때 물빠짐이 있을 수 있으니 그 부분은 너무 비벼 빨지 않도록 주의합니다. 파우치를 네트백에 넣어 완성해도 좋습니다.

숲속 피크닉 브로치

아무리 비싸고 질 좋은 가방이 있어도

평소에 손이 가장 많이 가는 건 에코백인 것 같아요.

이것저것 잔뜩 이고 다니느라 고생하는

나의 만능 에코백에 산뜻한 브로치를 달아주는 건 어떨까요?

어디든 놀러 가는 기분으로 매고 갈 수 있도록

피크닉 풍경의 브로치를 디자인해보았어요.

도톰한 목도리나 심플한 티셔츠에 달아도 예쁘답니다.

밋밋한 소지품에 소소한 재미를 더해보세요!

preparation
준비하기

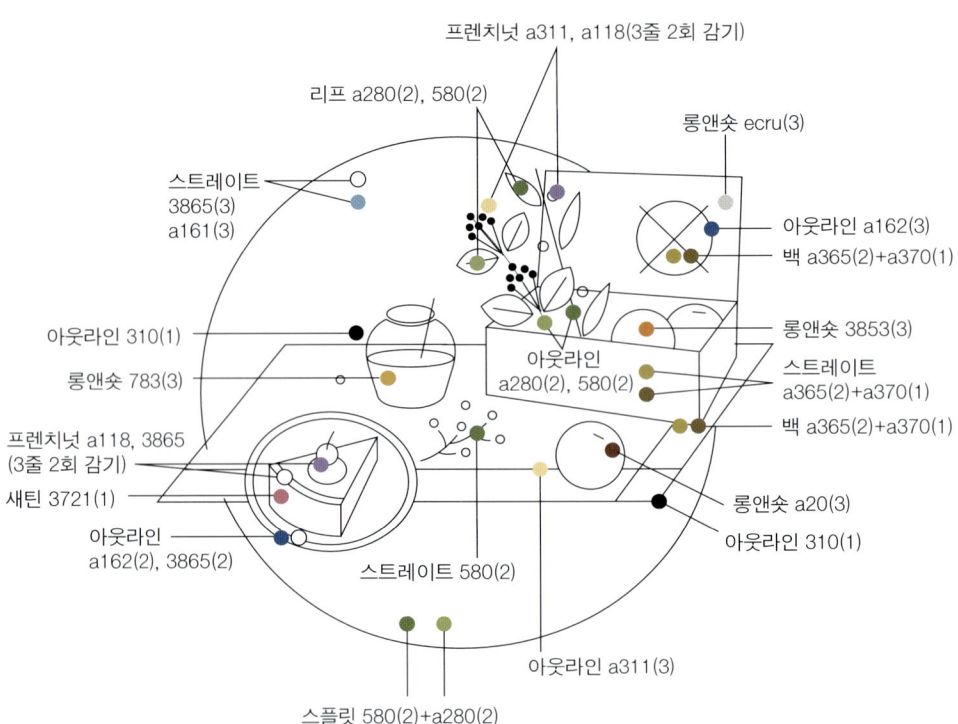

스티치	자수실			추가 준비물
스트레이트, 아웃라인	● 310	● 580	● 783	비즈
백, 프렌치넛	● 3721	● 3853	○ 3865	투명실
새틴, 스플릿	● a20	● a118	● a161	접착 펠트지
리프, 롱앤숏	● a162	● a280	● a311	브로치 핀
비즈 달기	● a365	● a370	○ ecru	

embroidery
수놓기

1. 원단 먹지를 이용해 도안을 원단에 옮깁니다. 바구니 안쪽에 0.5cm 간격으로 선을 그어 면을 나눠주세요.

2. a365번사 2줄, a370번사 1줄을 합쳐 3줄로 만든 후 바늘에 꿰어 바구니 부분에 그린 도안선을 따라 길게 스트레이트합니다.

3. 왼쪽 스트레이트 땀의 바로 옆에서 바늘을 빼내 각 땀들을 위 → 아래 → 위 → 아래 번갈아 지나치도록 실을 넣어 가장 오른쪽 스트레이트 땀 옆에서 매듭지어 마무리합니다. 이 작업을 할 때 바늘은 원단을 꿰지 않고 스트레이트한 실의 아래로 넣어주세요.

4. 다시 왼쪽으로 돌아와서 이번엔 아래 → 위 → 아래 → 위 순서로 스트레이트 땀을 지나 마무리합니다.

5. 과정 3, 4를 계속 반복하며 아래쪽부터 위쪽으로 면을 채워갑니다.

6. 과일과 음료병, 바구니의 덮개 부분을 롱앤숏 스티치로 촘촘히 채워줍니다.

7 접시, 음료병, 줄기들, 바구니 덮개의 원 테두리, 피크닉 매트의 선 무늬를 아웃라인 스티치합니다.

8 바구니 안의 잎들을 리프 스티치하고, 조각 케이크는 새틴 스티치합니다.

9 꽃, 케이크의 크림 부분은 실 3줄을 2회 감아 프렌치넛 스티치로 수놓습니다. 바구니의 테두리는 깔끔하게 백 스티치합니다.

10 a280번사 2줄, 580번사 2줄을 합쳐 4줄로 만든 뒤 잔디밭을 스플릿 스티치로 수놓습니다. 정해진 간격 없이 자연스럽게 표현합니다. 피크닉 매트의 테두리는 아웃라인 스티치해주고 위의 남은 공간은 짧은 스트레이트로 채워줍니다.

11 비즈를 달아 포도송이와 매트, 잔디밭 위의 과일들을 표현해 주세요.

application

브로치 만들기

1. 도안의 원 크기보다 지름이 0.2cm 정도 작은 크기의 접착 펠트지를 준비합니다. 단단한 뒷면이 있어야 브로치 완성 후 동그란 모양이 잘 잡힌답니다.
2. 도안의 뒷면에 접착 펠트지를 붙이고 1cm 정도 바깥에 재단선을 그립니다.
3. 재단선을 따라 자른 후 0.3~0.4cm 간격으로 가위집을 촘촘하게 내줍니다.
4. 원단풀을 이용해서 가위집을 낸 원단을 안쪽으로 붙인 후 밖으로 삐져나오는 부분은 잘라서 정리해 주세요.
5. 접착 펠트지를 도안의 모양대로 잘라 붙이고 브로치 핀에 접착제를 발라 위쪽 가운데에 붙입니다.
6. 풀밭의 피크닉 모습이 담긴 귀여운 브로치가 완성되었습니다.

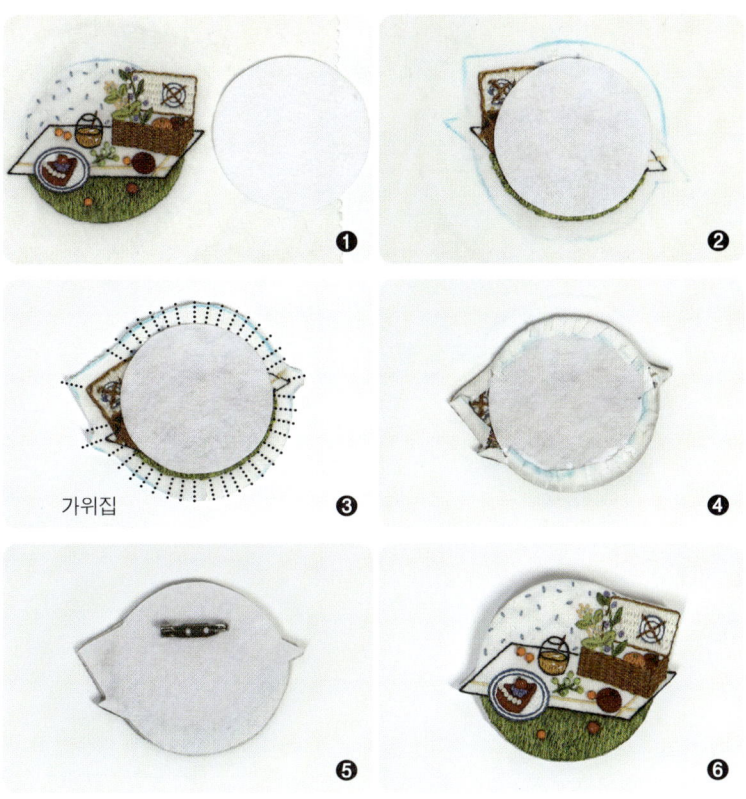

생일케이크 카드

때로는 값비싼 선물보다

한 글자 한 글자 정성 담아 써 내려간 편지가

의미 있게 느껴지곤 하지요.

시간이 지나도 잊히지 않을 생일 선물을 고민하고 있다면

케이크를 수놓은 카드를 만들어보세요.

손글씨가 빼곡한 자수 카드라니! 아마 2배, 3배 감동할 거예요.

preparation

준비하기

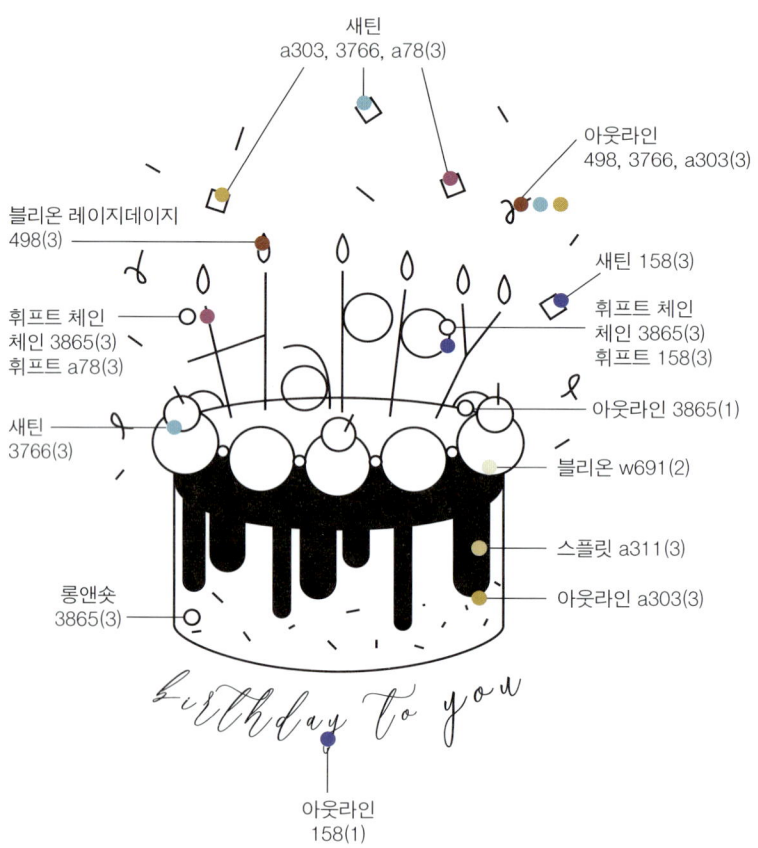

스티치	자수실			추가 준비물
스트레이트, 아웃라인	● 158	● 498	● 3766	원단용 풀
휘프트 체인, 새틴	○ 3865	● a78	● a303	비즈
롱앤숏, 블리온	● a311	○ w691		투명실
블리온 레이지데이지				두꺼운 종이
비즈 달기				

embroidery
수놓기

1. 원단 먹지를 이용해 도안을 원단에 옮깁니다. 카드의 세로 길이가 16cm가 될 것을 감안하여 이보다 약간 크게 원단을 잘라줍니다.

2. 수틀을 끼우고 크림 부분부터 스플릿 스티치로 수놓습니다. 크림이 흘러내린 듯한 모양이라 수놓을 때 어려울 수 있습니다. 수틀의 위아래를 뒤집어서 크림의 평평한 윗부분이 아래로 오게 하면 수놓기가 더 쉬울 거예요.

3. 다시 원래 도안 방향으로 돌려놓고 아래쪽부터 롱앤숏 스티치로 면을 채워줍니다.

4. Happy 글자는 한 획씩 나눠서 휘프트 체인 스티치합니다.

5. 촛불 모양은 블리온 레이지데이지 스티치로 수놓습니다. 이때 시작과 마무리 지점의 높이를 조금 다르게 하면 촛불 모양처럼 됩니다. 동그란 크림 부분은 블리온 스티치를 사선으로 길게 수놓아 표현합니다.

6. 네모난 폭죽 모양과 케이크의 하늘색 장식은 새틴 스티치로, 흘러내린 노란색 크림의 테두리와 곡선의 폭죽 모양, 레터링 부분은 아웃라인 스티치로 표현합니다. 케이크 원형 뒤쪽 선을 아웃라인 스티치로 수놓습니다.

7. 케이크의 흰 부분과 배경의 폭죽 부분에 투명실로 비즈를 달아줍니다. 크림 위에는 빨간색 비즈를 달아 체리를 표현합니다.

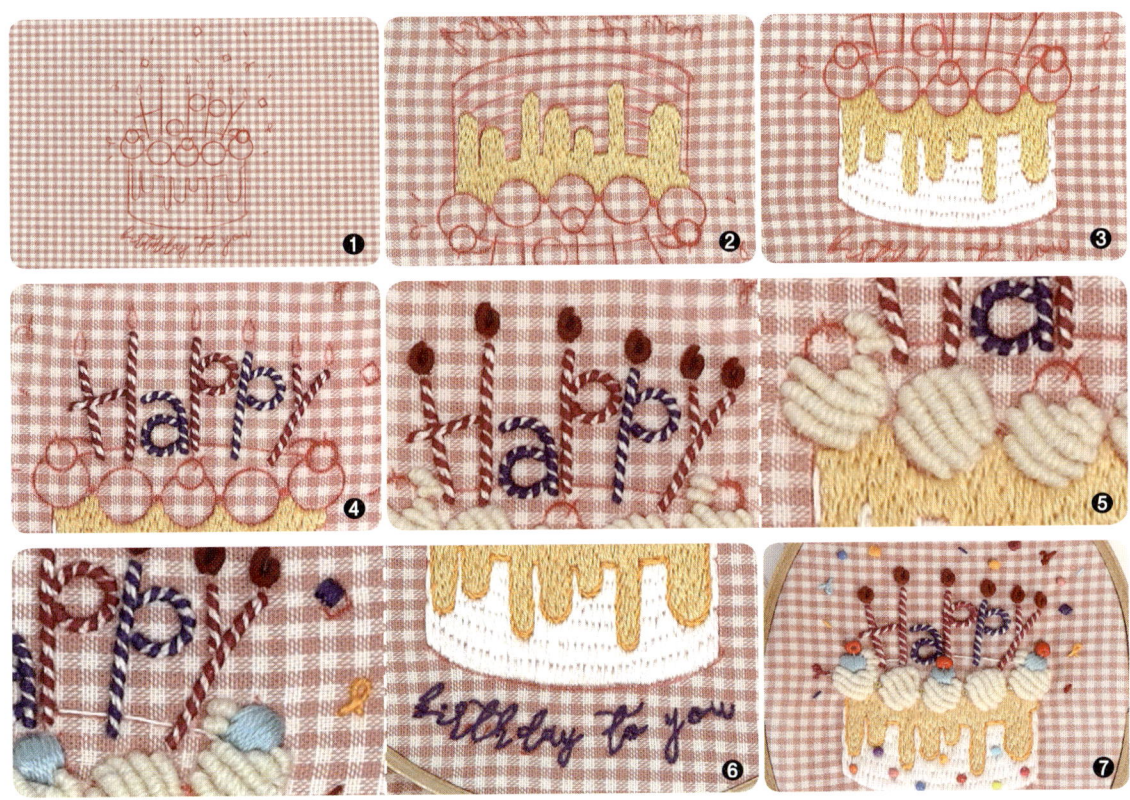

application

카드 만들기

1 수놓은 원단을 손세탁하고 다림질한 후 가로 10cm, 세로 15cm 크기로 잘라 준비합니다.

2 카드가 될 종이를 가로 22cm, 세로 16cm로 자른 후 반으로 접어줍니다. 왼쪽 면의 안쪽에 가로 8cm, 세로 11cm 크기의 사각형을 연필로 그립니다.

3 자른 원단의 뒷면에 원단용 풀을 꼼꼼히 발라 종이의 오른쪽 면에 붙여줍니다.

4 칼로 왼쪽 면의 사각형 테두리를 반듯하게 잘라 창을 내줍니다.

5 왼쪽 면 종이 테두리에 원단용 풀을 발라 접어 붙이면 완성입니다.

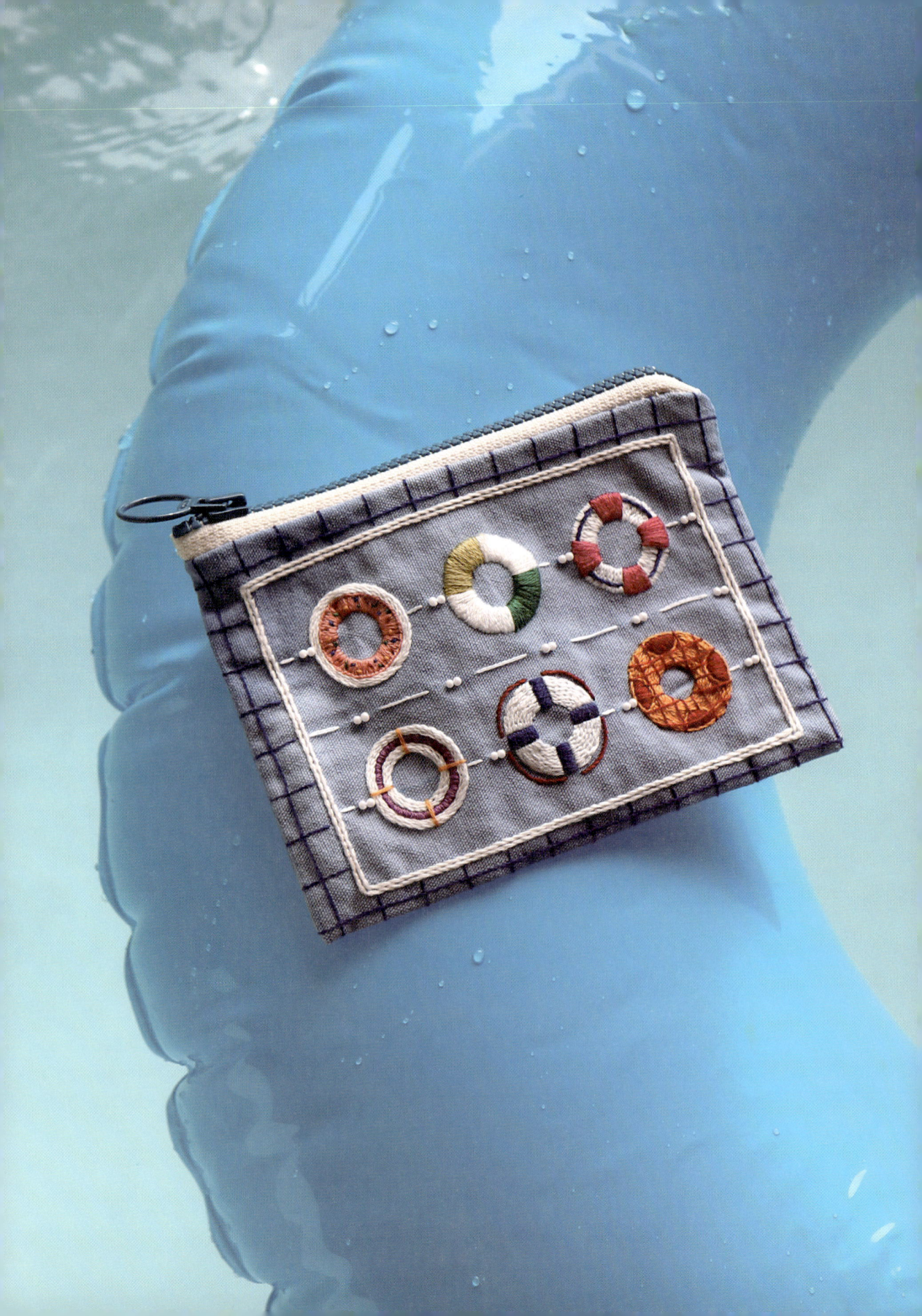

5

수영장 지퍼 파우치

파란색 수영장 물 위에 둥둥 떠 있는 알록달록 튜브.

좋아하는 여름 풍경 중 하나예요.

프랑스 자수로 그 모습을 파우치에 옮겨보았어요.

무더위에 지쳤을 때 이 파우치를 꺼내면

시원한 기운이 전해지는 것 같답니다.

파우치는 반제품을 사용하지 않고 원단과 지퍼를 이용해

직접 만들었는데요. 이 방법을 알아두면 다른 디자인의 자수로도

무궁무진하게 응용하기 좋을 거예요.

preparation
준비하기

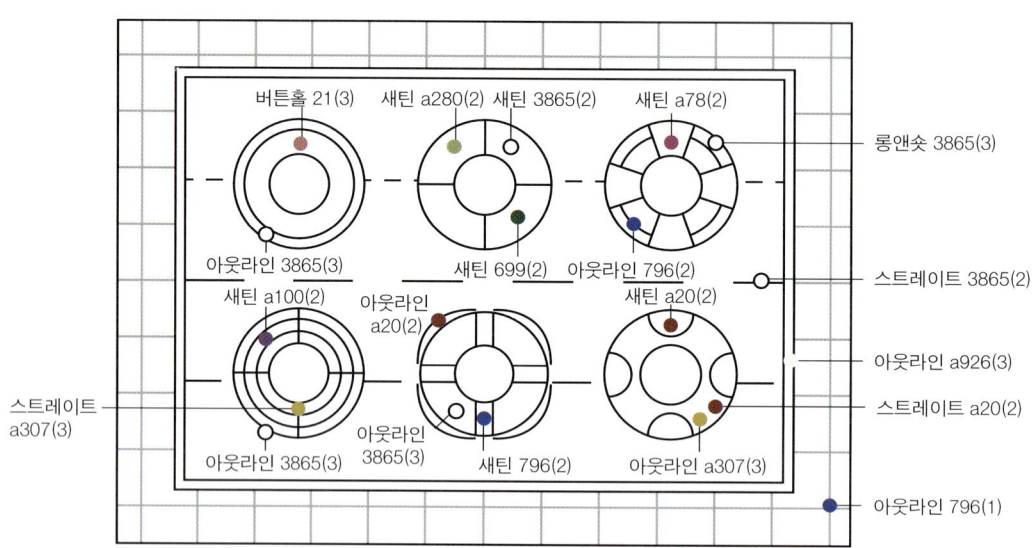

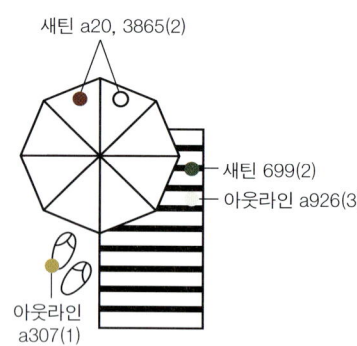

스티치	자수실			추가 준비물
스트레이트, 아웃라인	● 21	● 699	● 796	안감용 원단
새틴, 버튼홀	○ 3865	● a20	● a78	비즈
롱앤숏, 비즈 달기	● a100	● a280	● a307	투명실
	a926			지퍼(15cm)
				시침핀

embroidery
수놓기

1. 원단 먹지를 이용해 도안을 원단에 옮깁니다. 도안 테두리보다 4~5cm 크게 원단을 잘라줍니다. 수영장 바닥의 체크 무늬는 모두 그리지 말고, 양 끝쪽 선만 사방으로 표시해 주세요. 수놓기 전에 자를 대고 수성펜으로 그리는 것이 세탁할 때 더 편합니다.

2. 수틀을 끼우고 튜브 ③, ⑤의 흰색 부분을 각각 롱앤숏, 아웃라인 스티치로 채워줍니다.

3. 튜브 ②, ③, ⑤, ⑥에서 새틴 스티치가 표기된 부분을 수놓은 후 튜브 ①, ⑤, ⑥의 아웃라인 스티치가 표기된 부분도 수놓습니다.

4. 버튼홀 스티치로 튜브 ①을 완성하고, 튜브 ④를 아웃라인, 새틴 스티치로 채워줍니다. 튜브 위에 수놓을 선들을 수성펜으로 그려주세요.

5. 튜브 ①에 짧은 스트레이트를 수놓아 도넛 같은 느낌을 내주고, 다른 튜브들도 표기된 스티치들을 수놓아 장식합니다.

6. 과정 1에서 표시해두었던 체크 무늬 가이드선에 자를 대고 수성펜으로 연결해 그린 후 수영장 테두리와 함께 아웃라인 스티치로 수놓습니다.

7. 수영장 레일은 스트레이트와 비즈 달기를 번갈아 수놓습니다.

8. 슬리퍼는 아웃라인, 파라솔은 새틴, 타월은 새틴과 아웃라인 스티치를 번갈아 수놓고 파라솔 가운데 비즈를 달아 마무리합니다.

application

지퍼 파우치 만들기

1. 수놓은 원단을 손세탁한 후 다림질하여 준비합니다.
2. 도안의 바느질선보다 사방 0.7cm 바깥쪽에 재단선을 그려주고 선을 따라 잘라줍니다. 같은 크기의 안감과 15cm 길이의 지퍼도 준비해 주세요. 안감에도 사방 0.7cm 안쪽으로 바느질선을 그려주세요.
3. 지퍼를 뒤집어 겉감의 윗선에 맞춰 나란히 놓습니다.
4. 안감도 같은 선에 맞춰 놓고 겉감, 지퍼, 안감을 한 번에 시침핀으로 고정해 주세요. 지퍼의 위쪽 부분만 바느질할 것이므로 지퍼를 살짝 벌려 바느질하기 편하게 만들어 주세요.
5. 위쪽 부분의 바느질선을 따라 세 가지를 함께 박음질해 주세요.
6. 사진처럼 지퍼가 위로 나올 수 있게 겉감과 안감을 뒤집어 주세요.

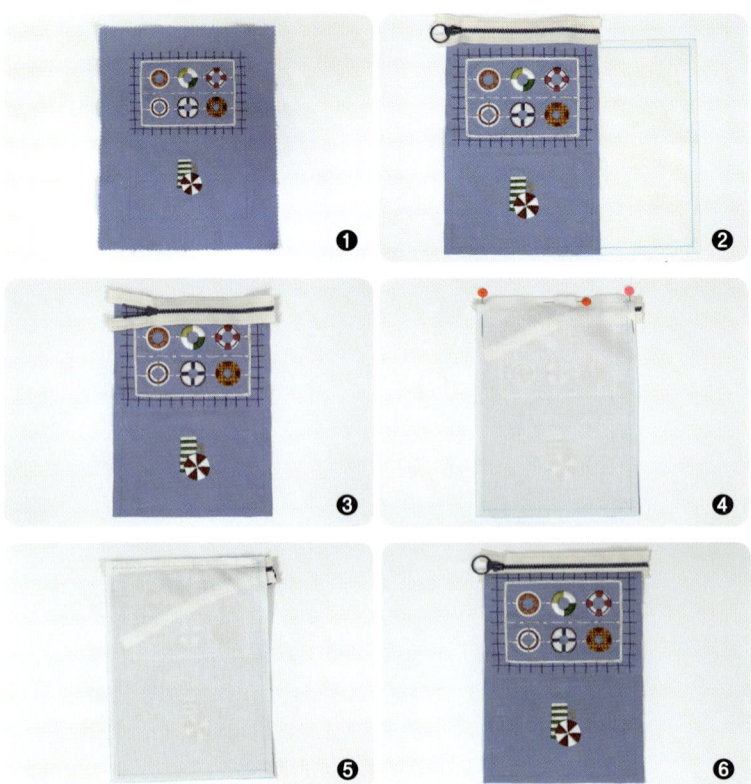

7 그 상태에서 다시 지퍼의 윗선에 맞춰 겉감을 위로 접어줍니다.

8 안감도 뒤쪽으로 접어 지퍼의 윗선에 맞춘 후 안감, 지퍼, 겉감을 한 번에 시침핀으로 고정해 주세요.

9 바느질선을 따라 위쪽 부분만 박음질(22쪽)해 주세요.

10 안감을 위로 올려 겉감은 겉감끼리, 안감은 안감끼리 맞춰 바느질선을 따라 박음질합니다. 이때 안감 쪽에 창구멍을 남깁니다.

11 창구멍에 손을 넣어 지퍼를 열어주고 겉감을 잡아 창구멍으로 빼내 뒤집어 주세요. 네 모서리를 잘 펼쳐가며 다듬고 창구멍을 공구르기(23쪽)로 막아줍니다.

12 안감을 지퍼 안쪽으로 넣어 마무리합니다. 수성펜으로 그린 선들은 손세탁하여 지워주고 다림질하면 완성입니다.

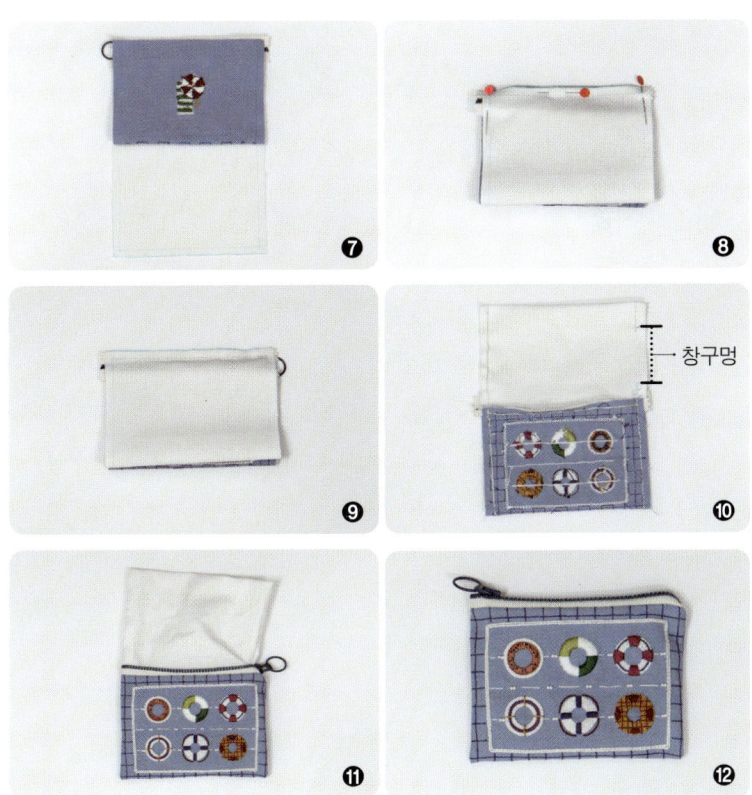

6

동물 알파벳 포스터

숲속의 동물 친구들을 수놓은 알파벳 포스터예요.

동물의 스펠링도 함께 수놓아 A부터 Z까지

알파벳을 익힐 수 있도록 했어요.

어린 아이가 있는 집 벽에 걸어두면 딱 좋겠지요?

아기자기한 걸 좋아하는 어른이들의 인테리어 소품으로도 추천해요.

다양한 동물 자수 중 마음에 드는 것만 골라

다른 소품에 포인트 자수로 수놓아 봐도 좋답니다.

preparation

준비하기

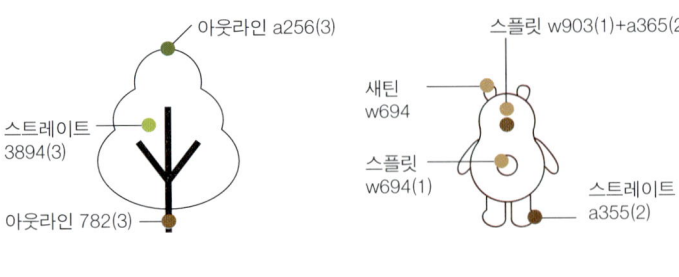

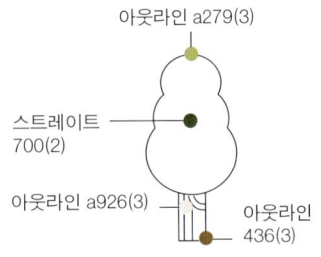
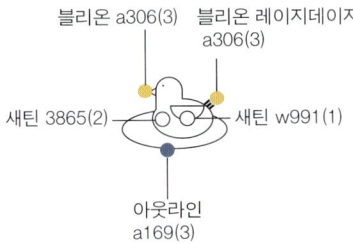
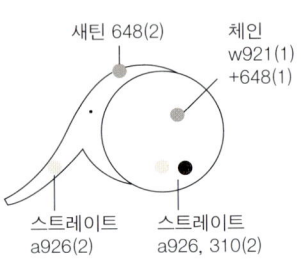

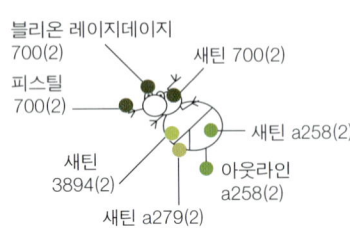
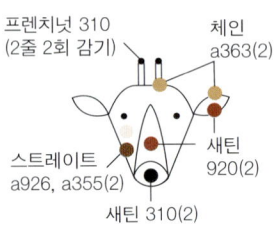
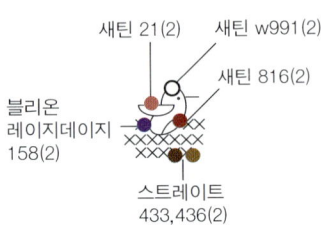

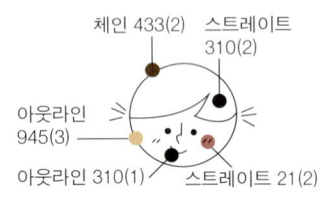
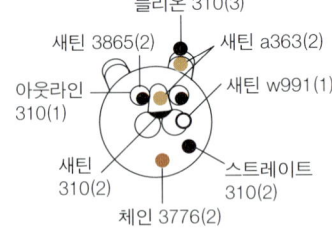
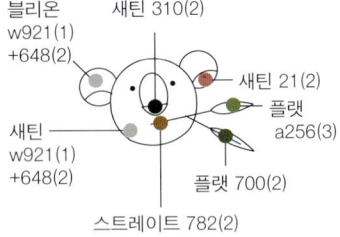

- 여자 아이: 양갈래 머리
- 남자 아이: 양갈래 없이

스티치	자수실					추가 준비물
스트레이트, 아웃라인	● 21	● 158	● 310	● 433	● 436	마스킹 테이프, 비즈,
백, 체인, 프렌치넛	● 648	● 700	● 782	● 816	● 920	투명실, 시침핀
새틴, 플랫, 스플릿	● 945	● 3776	○ 3865	● 3894	● a169	모나미 패브릭 마카(라임옐로우,
피스틸, 블리온	● a246	● a256	● a258	● a279	● a306	옐로우그린, 페일오렌지, 스카이블루)
블리온 레이지데이지	● a307	● a355	● a363	● a365	● a926	지그 패브릭마카(라이트그린, 그린)
비즈 달기	● w694	● w903	● w921	○ w991		

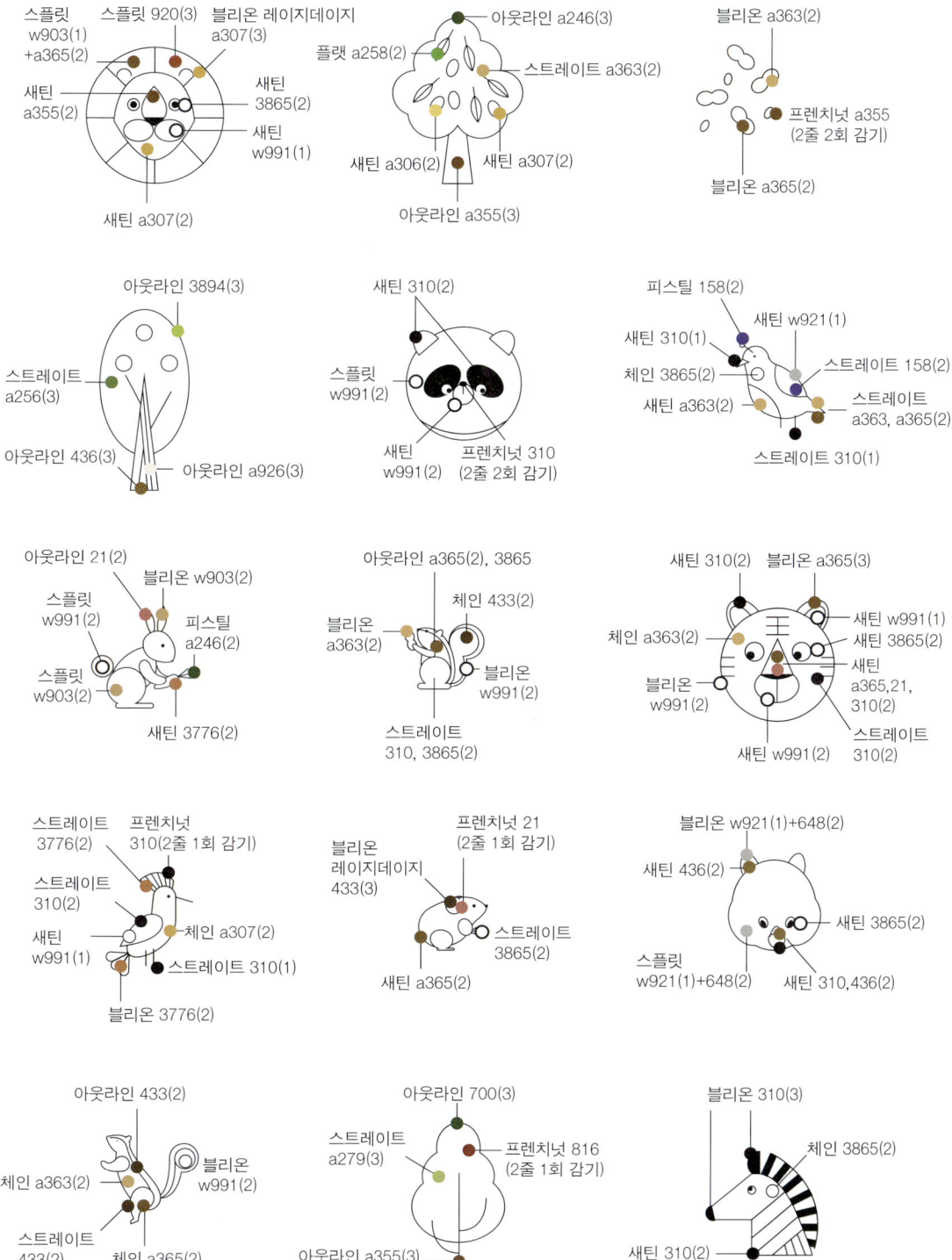

embroidery 수놓기

1. 원단 먹지를 이용해 도안을 원단에 옮깁니다. 도안을 옮길 때 시침핀 대신 마스킹 테이프로 고정할 수도 있습니다. 도안이 크고, 옮길 양이 많으니 마스킹 테이프로 고정한 후 시간을 갖고 천천히 그려나가세요.

2. 나무들은 초록색 계열의 패브릭 마카로 칠하고, 오리가 놀고 있는 연못, 아이의 얼굴도 마카로 칠해줍니다.

3. 나무들의 테두리와 기둥을 아웃라인 스티치로 수놓습니다.

4. 곰의 귀는 새틴 스티치하고, 몸통과 꼬리는 스플릿 스티치로 자연스럽게 털을 표현합니다. 발톱은 마지막에 스트레이트합니다.

5. 오리의 몸통과 날개는 새틴 스티치하고, 부리는 블리온, 꼬리는 블리온 레이지데이지 스티치 2줄로 표현합니다. 코끼리의 얼굴은 새틴 스티치, 귀는 체인 스티치합니다. 코 끝과 귀 부분에 스트레이트로 포인트를 줍니다.

6. 개구리의 눈을 블리온 레이지데이지 스티치하고, 발은 피스틸 스티치로 표현합니다. 나머지 부분은 새틴 스티치하고, 잎의 줄기는 아웃라인 스티치로 표현합니다. 잎에 스트레이트로 포인트를 주세요. 기린의 얼굴을 새틴 스티치와 체인 스티치로 채워 표현하고 스트레이트, 프렌치넛 스티치로 포인트를 주세요. 기린의 귀는 새틴 스티치로 먼저 채운 후 테두리를 따라 얼굴과 같은 색으로 체인 스티치를 합니다.

7 벌새의 몸통과 날개는 새틴 스티치하고, 꼬리는 블리온 레이지데이지 스티치한 후 스트레이트로 둥지를 만들어주세요. 아이 얼굴의 테두리와 코, 입은 아웃라인 스티치한 후 체인 스티치로 머리카락을 표현합니다. 스트레이트로 머리와 볼에 포인트를 주세요.

8 재규어의 얼굴은 체인 스티치로 채워주고 눈, 코, 입은 새틴 스티치합니다. 귀는 블리온 스티치한 후 안쪽은 새틴으로 채워줍니다. 스트레이트로 얼굴의 무늬를 표현합니다.

9 코알라와 사자의 얼굴은 새틴, 사자의 갈기는 스플릿, 코알라의 귀는 블리온, 사자의 귀는 블리온 레이지데이지 스티치로 표현합니다. 코알라의 귀, 코와 사자의 눈, 코, 입은 새틴 스티치로 수놓습니다. 코알라가 물고 있는 잎은 플랫 스티치한 후 나뭇가지를 스트레이트합니다.

10 망고 나무의 열매는 새틴 스티치, 잎은 플랫 스티치한 잎맥을 스트레이트합니다. 피넛들은 블리온 스티치, 프렌치넛 스티치로 표현합니다.

11 판다의 얼굴은 스플릿 스티치로 채우고 눈, 귀, 코는 새틴 스티치합니다. 코에 스트레이트로 포인트를 줍니다. 메추라기의 몸통은 체인 스티치하고, 부리, 날개, 배는 새틴 스티치합니다. 머리의 깃털은 피스틸 스티치로, 다리와 몸통 부분에 스트레이트로 포인트를 줍니다.

12 토끼의 몸통과 꼬리는 스플릿 스티치로 털을 표현하고, 귀는 블리온 스티치와 아웃라인 스티치로 표현합니다. 당근은 새틴과 피스틸 스티치로 수놓습니다. 다람쥐의 진한 갈색 털은 체인 스티치, 연한 색의 털과 하얀 줄은 아웃라인 스티치로, 몸통 무늬는 스트레이트로, 꼬리의 풍성한 털과 피넛은 블리온 스티치로 표현합니다.

13 호랑이의 얼굴은 체인 스티치한 후 눈, 코, 입을 새틴 스티치합니다. 귀의 털 부분은 블리온 스티치하고 안쪽은 새틴 스티치합니다. 얼굴의 무늬를 스트레이트로 표현하고 얼굴 옆쪽의 털은 울사로 블리온 스티치합니다.

14 Upapa라는 새의 몸통은 체인, 날개는 새틴 스티치로 작업합니다. 블리온 스티치로 꼬리를, 스트레이트와 프렌치넛으로 벼슬을 만들어줍니다. 작은 쥐 종류인 Vole의 몸통은 새틴, 귀는 블리온 레이지데이지와 프렌치넛 스티치로 표현합니다. 작은 발과 코, 몸통의 털은 스트레이트로 수놓습니다.

15 웜뱃의 털을 스플릿 스티치하고 눈, 코, 입은 새틴 스티치한 후 귀는 블리온과 새틴 스티치합니다. 다람쥐의 친척인 Xeros의 몸통과 다리 부분은 체인 스티치하고, 꼬리 부분은 길게 블리온 스티치합니다. 몸통의 무늬는 아웃라인 스티치, 스트레이트로 표현해주세요.

16 얼룩말의 얼굴과 갈기는 새틴과 체인 스티치를 교차하여 수놓고, 귀와 코는 블리온 스티치합니다.

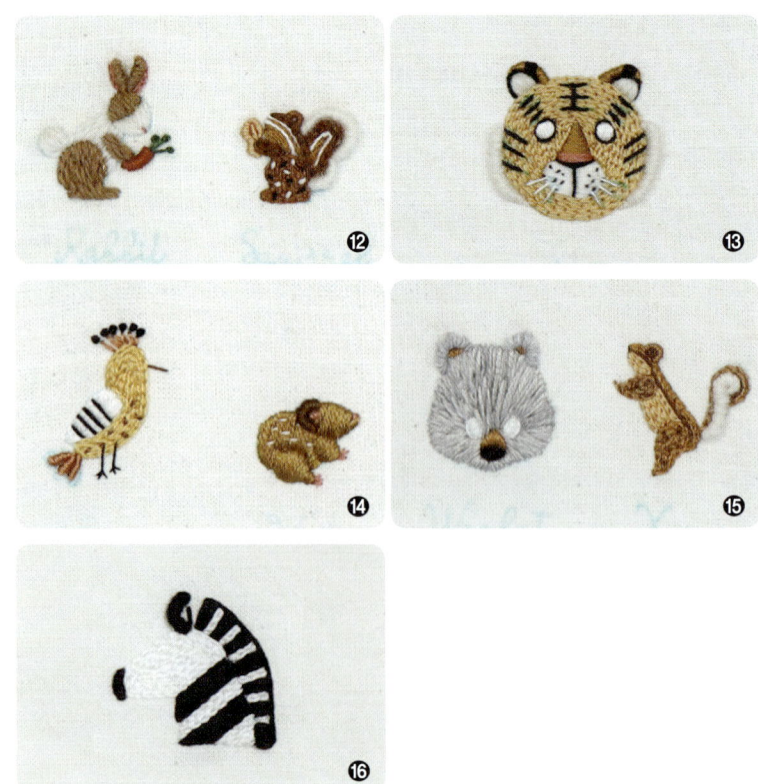

17 동물들의 이름은 310번사 1줄로 백 스티치합니다.

18 남겨뒀던 동물들의 눈을 만들어줍니다. 작은 동물들은 310번사 1줄로 2회 감아 프렌치넛 스티치로 표현하고 사자, 호랑이 같은 큰 동물은 검은 비즈를 달아 표현합니다.

19 나무들에 다양한 색의 비즈를 달아 과일을 표현해주고, 스트레이트로 잎들을 표현합니다.

application
포스터 만들기

수놓은 원단을 손세탁하고 다림질한 후 포스터로 만들어주세요. 원하는 사이즈로 잘라 행잉 프레임에 넣거나 프레임 없이 자연스럽게 벽에 걸어 장식해도 좋아요.

명화가 새겨진 여권케이스

해외여행을 갔을 때 그 나라 작가의 명화를

눈앞에서 보면 진한 감동이 느껴집니다.

앙리 마티스 작가의 그림에서 받은 감동을

오래도록 간직하고 싶어 여권케이스에 새겨보았어요.

제 나름대로 해석해서 약간의 변화도 주었지요.

자수를 하는 내내 여행의 추억이 떠올랐는데요.

이 여권케이스와 함께라면 먼훗날

또 다른 여행을 떠날 때마다 설렐 것 같네요.

preparation

준비하기

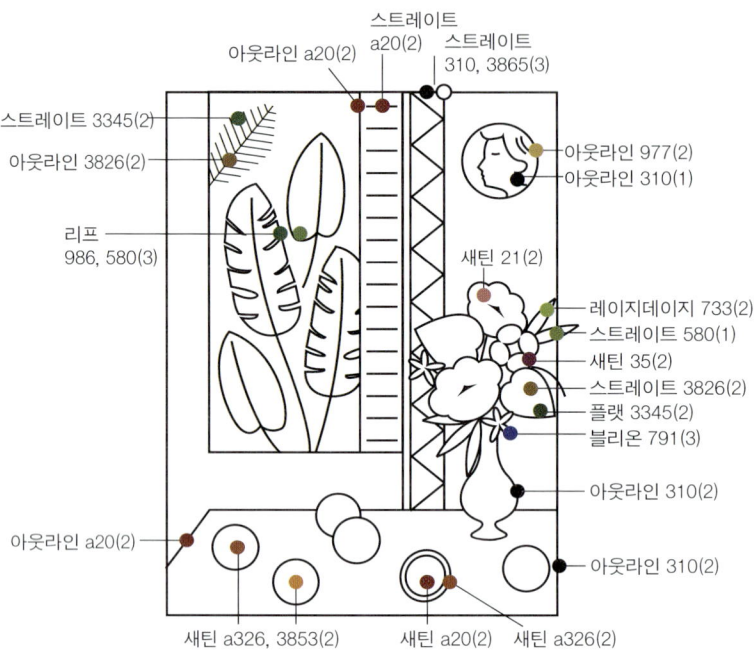

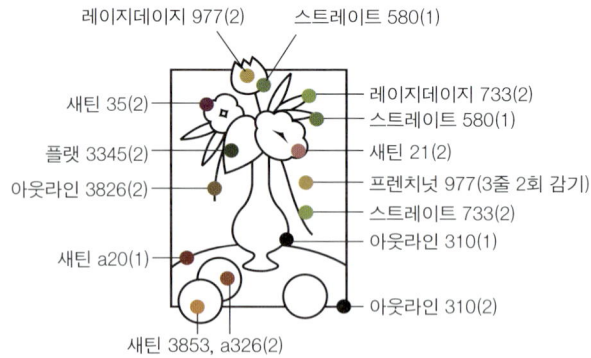

스티치	자수실			추가 준비물
스트레이트, 아웃라인	● 21	● 35	● 310	안감용 원단
백, 프렌치넛	● 580	● 733	● 791	패브릭 마카(블랙, 레드)
새틴, 플랫	● 977	● 986	● 3345	시침핀
리프, 레이지데이지	● 3826	● 3853	○ 3865	
블리온	● a20	● a326		

embroidery
수놓기

1. 원단 먹지를 이용해 도안을 원단에 옮깁니다. 수놓은 부분 외의 바느질선은 다 그리지 말고 모서리 위치만 표시해주세요.
2. 패브릭 마카를 이용해 검은색 벽과 빨간색 식탁을 칠해주세요. 너무 꼼꼼히 칠하지 않고 하얀 원단이 희끗하게 보일 정도로 칠해 드로잉 한 것 같은 느낌을 냅니다.
3. 수틀을 끼우고 식탁 위의 과일들을 새틴 스티치합니다. 새틴의 방향이 서로 겹쳐지지 않게 수놓습니다. 몇 개의 과일 테두리를 새틴 스티치로 수놓아도 좋습니다.
4. 화병의 꽃과 잎들을 새틴 스티치와 플랫 스티치로 표현합니다.
5. 수틀을 지름 12cm 짜리로 교체한 후 벽 장식과 창문 부분을 스트레이트로 수놓습니다. 오른쪽의 벽 장식은 먼저 310번사를 이용해 지그재그로 스트레이트를 하고 나머지 세로선을 스트레이트로 채워주세요. 310번사 작업을 마친 후 3865번사로 삼각형 모양을 스트레이트로 표현합니다.

6 화병의 작은 꽃은 블리온 스티치로 표현하고, 길쭉한 잎들은 레이지데이지 스티치로 수놓습니다.

7 창문 밖의 큰 잎들을 리프 스티치합니다.

8 창문 밖의 나머지 잎은 스트레이트로, 잎의 가지와 액자는 오른쪽 액자 모두 아웃라인 스티치로 수놓습니다.

9 나머지 테두리 선들도 아웃라인 스티치로 정리해주세요. 꽃과 잎에 스트레이트, 프렌치넛 스티치로 포인트를 줘도 좋습니다.

10 왼쪽의 작은 도안도 큰 것과 마찬가지로 식탁을 먼저 패브릭 마카로 칠해줍니다.

11 화병의 꽃들과 식탁 위의 과일들을 새틴 스티치로, 잎은 플랫 스티치로 표현합니다.

12 튤립과 길쭉한 잎을 레이지데이지 스티치로 수놓고, 길게 늘어진 가지는 아웃라인 스티치로 수놓습니다. 가지의 작은 꽃망울들과 꽃수술은 프렌치넛 스티치합니다. 스트레이트로 중간중간 포인트를 줍니다.

13 화병과 도안의 테두리선은 아웃라인 스티치로 정리합니다.

application
여권케이스 만들기

1. 수놓은 부분들에 남아있는 선들은 손세탁하여 지우고, 모서리 부분을 표시한 선들은 남겨뒀다가 다림질까지 마친 후 수성펜으로 각 부분들을 이어주세요.
2. 안감 위에 겉감을 뒤집어 놓고 사방을 시침핀으로 고정합니다.
3. 창구멍을 남기고 테두리 바로 바깥쪽을 박음질(22쪽)한 뒤 전체 테두리보다 사방 0.5cm 더 크게 재단선을 그려줍니다.
4. 재단선을 따라 자르고 모서리는 대각선 방향으로 잘라줍니다. 너무 바짝 붙여 자르면 박음질한 곳에 구멍이 날 수 있으니 주의하세요.
5. 창구멍을 통해 뒤집은 후 창구멍은 공구르기(23쪽)로 막아주세요.
6. 수성펜으로 그려놓은 선을 따라 안쪽으로 접어 맞닿는 면끼리 공구르기해주세요. 이때 접혀있는 원단의 겉감끼리 당기면서 공구르기합니다.
7. 남은 수성펜도 깨끗이 지운 후 다림질하면 완성입니다.

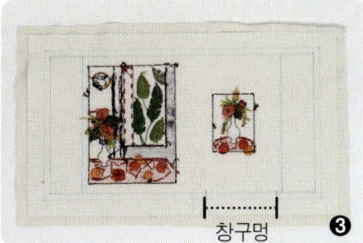

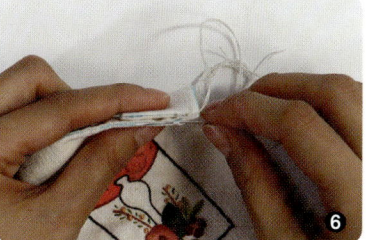

. Chapter 3 .

볼륨감으로 멋을 더하는
입체 자수

─── ××× ───

평면 자수로 기본과 응용 과정을 익혔다면 이제 심화 단계인 입체 자수에 도전해볼 시간입니다. 입체자수는 보기에 어려울 것 같아 선뜻 시작하기 망설여질 수도 있지만 사실 간단하게 자수 작품에 극명한 효과를 줄 수 있는 방법이랍니다. 빠른 시간 내에 하나의 작품을 완성할 수도 있고요. 대부분의 입체 자수는 같은 땀이 계속 반복되는 편이라 배우기에도 어렵지 않답니다.

이번 장에서 주로 사용하는
7가지 스티치

스티치 소개 페이지에서는 **실 3줄**과 **5호 바늘**을 이용하여 수놓았습니다.

캐스트온 스티치

✕ 뜨개질로 코를 뜨는 것처럼 바늘에 고리를 여러 개 연결하여 입체적인 표현을 하는 스티치 기법입니다.

● **아래로 볼록한 모양**

1. 블리온 스티치(86쪽)와 마찬가지로 바늘을 원단 뒤에서 빼내 도안의 길이 만큼 옮겨 사진과 같이 걸쳐 놓습니다.
2. 왼손 검지로 바늘을 살짝 들어 올리고 오른손으로 실을 감아 왼손 엄지에 걸어줍니다.
3. 실의 고리를 바늘에 넣어줍니다.
4. 오른손으로 실을 살짝 당겨가며 안쪽으로 밀어주세요.
5. 도안의 길이만큼 고리를 만들어 촘촘히 안쪽으로 밀어주세요.
6. 고리들을 손으로 살짝 잡은 채 바늘을 당겨가며 뺀 후 모양을 잡아줍니다.
7. 오른쪽 실이 나온 구멍에 바늘을 넣고 매듭지어 마무리합니다.

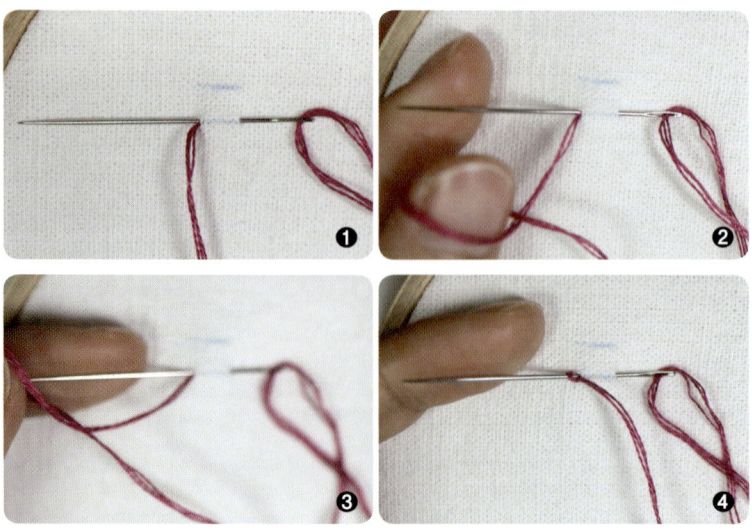

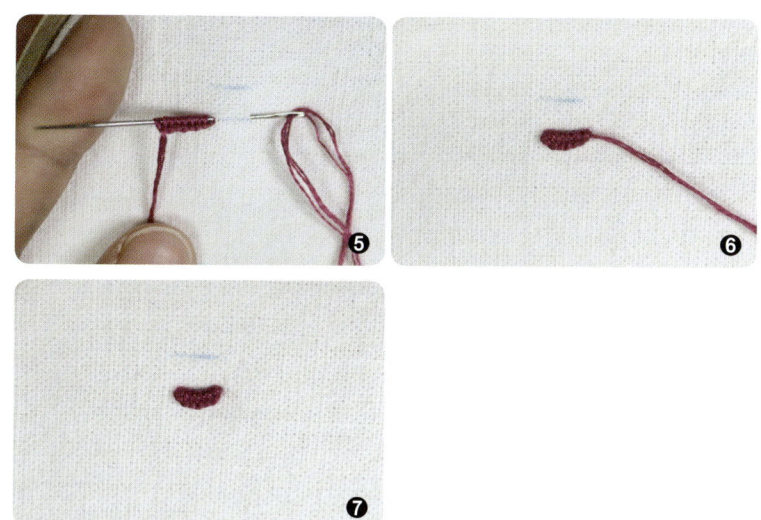

- **위로 볼록한 모양**

1 수틀을 뒤집어서 바늘의 방향이 반대로 가게 수놓아봅니다. 도안 오른쪽 끝에서 바늘을 빼내 도안의 길이만큼 옮겨 사진과 같이 걸쳐 놓습니다.

2 동일한 방법으로 고리를 만들어가며 수놓습니다. 사진과 같이 방향에 따라 모양이 달라지니 원하는 형태를 생각하며 수놓아주세요.

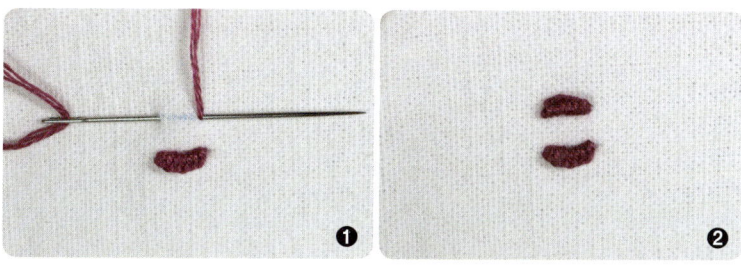

● **헐렁한 고리 모양**

1. 앞선 모양을 수놓을 때보다 좀 더 긴 땀으로 원단을 떠서 바늘을 걸쳐둡니다.
2. 빨대를 바늘 길이 정도로 잘라서 바늘에 끼웁니다.
3. 136쪽을 참고해 캐스트온 스티치를 수놓습니다.
4. 감은 실을 살짝 잡고 빨대를 빼줍니다.
5. 처음 시작점과 같은 구멍에 실을 넣고 매듭지어 마무리합니다. 이와 같이 캐스트온 스티치는 바늘 또는 빨대의 굵기에 따라 스티치의 크기와 모양이 달라집니다.

Tip 블리온 레이지데이지 스티치(87쪽)와 마찬가지로 처음 시작점의 바로 옆의 원단을 아주 약간 뜬 채로 바늘에 실을 많이 감으면 접힌 꽃잎 모양을 만들 수 있습니다.

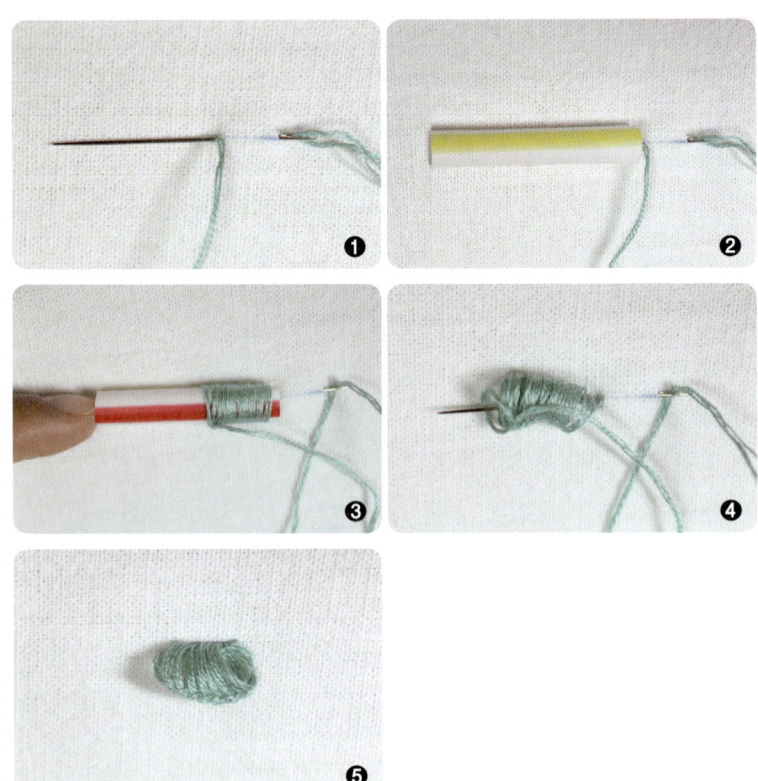

터키 스티치

× 여러 개의 고리를 만들어 카펫에 달린 술 모양을 완성하는 기법입니다. 고리를 자르지 않은 채 꽃을 표현하기도, 고리를 잘라서 동물의 털을 표현하기도 합니다.

● **직선**

1 실은 매듭을 짓지 않은 채 바늘을 원단 앞에서 뒤쪽으로 넣습니다. 이때 실이 다 빠지지 않게 손으로 잡아주세요.

2 실의 가운데를 기준으로 살짝 오른쪽 옆에서 바늘을 빼 실의 왼쪽 옆으로 넣어 기본 땀 하나를 만들어줍니다.

3 바늘을 과정 1과 같은 가운데 구멍으로 빼낸 후 실을 당깁니다.

4 2~3mm 오른쪽 옆으로 이동해서 실을 당기지 않고 고리 모양을 만들며 바늘을 넣어줍니다.

5 방금 넣은 실을 가운데 기준으로 삼고 살짝 오른쪽 옆에서 바늘을 빼 과정 2의 끝쪽 땀과 같은 구멍에 넣은 후 다시 과정 4의 구멍으로 나옵니다.

6 나온 실을 당겨 모양을 만들어줍니다.

7 도안선의 끝까지 같은 방법으로 수놓습니다.

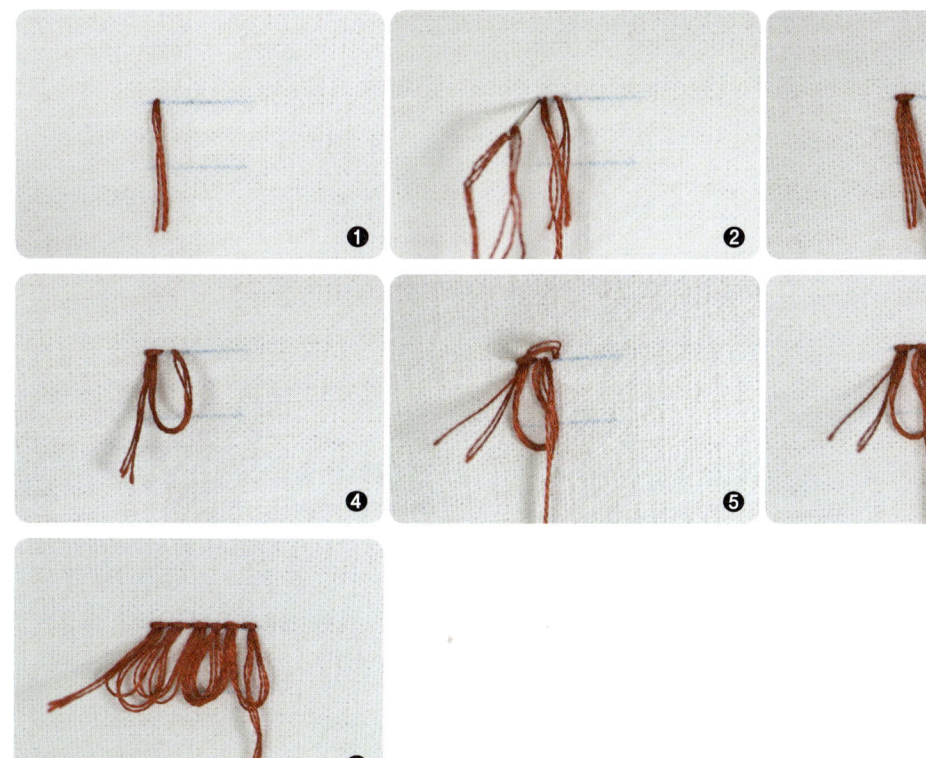

8 실이 원단 위로 나온 상태에서 수놓기를 끝내고 잘라줍니다.

9 가위로 고리들을 끊어줍니다.

10 도안선 아래에 그려놓은 가이드라인에 맞춰서 길이를 다듬어주세요.

  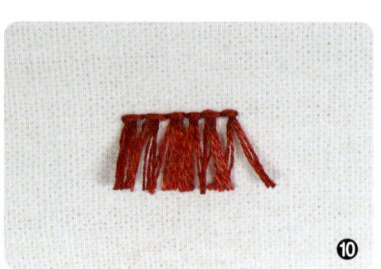

● **곡선**

1 곡선 모양의 도안에 수를 놓을 때도 같은 방법으로 진행하되, 땀 크기를 조금 더 줄여서 수놓아주세요.

2 한 바퀴 빙 둘러 수놓습니다.

3 마지막에 빼낸 실을 다른 고리와 비슷한 길이로 잘라줍니다.

4 고리를 먼저 끊어준 후 그려놓은 가이드라인에 맞춰서 길이를 다듬어주세요. 이와 같이 터키 스티치를 할 때에는 마지막에 가이드라인을 그린 후 잘라 주어야 균일한 길이로 자를 수 있습니다.

Tip 땀 간격이 촘촘해야 빈 공간 없이 풍성한 술을 완성할 수 있습니다. 기본 땀 간격보다 벌어지지 않도록 주의하세요. 자르지 않고 고리 모양 그대로 사용하려면 가이드라인을 봐가며 수놓아 고리 길이를 균일하게 맞춰주세요.

우븐피콧 스티치

✕ 시침핀을 원단에 꽂아두고 이를 기준으로 실을 위아래로 교차해 입체감을 살리는 기법이에요. 삼각형 모양의 꽃잎이나 잎을 표현 하는데 주로 사용합니다.

1. 도안의 길이만큼 시침핀으로 원단을 떠서 고정합니다.
2. 시침핀을 기준으로 2~3mm 왼쪽 옆에서 바늘을 빼내 시침핀 밑으로 실을 걸고 오른쪽의 같은 위치에 바늘을 넣습니다.
3. 다시 시침핀의 바로 옆에서 바늘을 빼내 시침핀 밑으로 실을 걸어줍니다.
4. 만들어 둔 실기둥 3개에 바늘 귀를 통과시키는데, 이때 실기둥 아래, 위, 아래 순으로 넣어주세요.
5. 실을 위쪽으로 올려 당긴 후 이번엔 반대로 위, 아래, 위 순으로 실기둥을 지나갑니다.
6. 이런 식으로 실기둥의 위, 아래로 실을 교차하며 촘촘히 채워줍니다. 기둥의 모양이 찌그러지지 않게 유지하며 수놓고 마지막에 실을 뺀 지점의 기둥 옆에 바늘을 넣어줍니다.
7. 시침핀을 빼고 매듭지어 마무리합니다.

Tip 과정 3에서 시침핀 밑으로 실을 걸 때 과정 2에서 걸어둔 실보다 아래에 위치시켜야 완성 후 끝이 뾰족하게 잘 표현됩니다.

롤 스티치

✕ 실로 선 하나를 만든 후 이를 돌돌 휘감는 기법이에요. 선이나 원을 도톰하게 표현할 때 사용해요.

1. 도안의 길이만큼 같은 자리에 두 번 스트레이트로 수놓습니다.
2. 도안의 곡선을 따라 실의 가운데를 짧은 땀으로 고정합니다.
3. 양 옆 부분도 각각 한 땀씩 더 고정해줍니다.
4. 가장 왼쪽의 구멍으로 바늘을 빼낸 후 바늘 귀를 이용해 실을 감아나갑니다.
5. 고정용으로 수놓았던 땀을 가리며 끝까지 감아주세요.
6. 다시 시작점으로 돌아가는 방향으로 한 번 더 촘촘하게 감아주세요.
7. 시작점까지 돌아왔다면 감아 만든 실기둥 두께만큼 위로 움직여 바늘을 넣어줍니다.
8. 손으로 감긴 실을 한 번 더 고르게 만져주고 매듭지어 마무리합니다.

Tip 바늘 귀를 넣기 전에 먼저 감은 실을 한쪽으로 차례차례 밀어 정리하면서 감아주세요. 또한 감은 실은 서로 겹치지 않도록 주의합니다. 한 번만 감으면 깔끔하게 선을 표현하기 어려우니 여러 번 왕복하며 빈틈을 채워주세요.

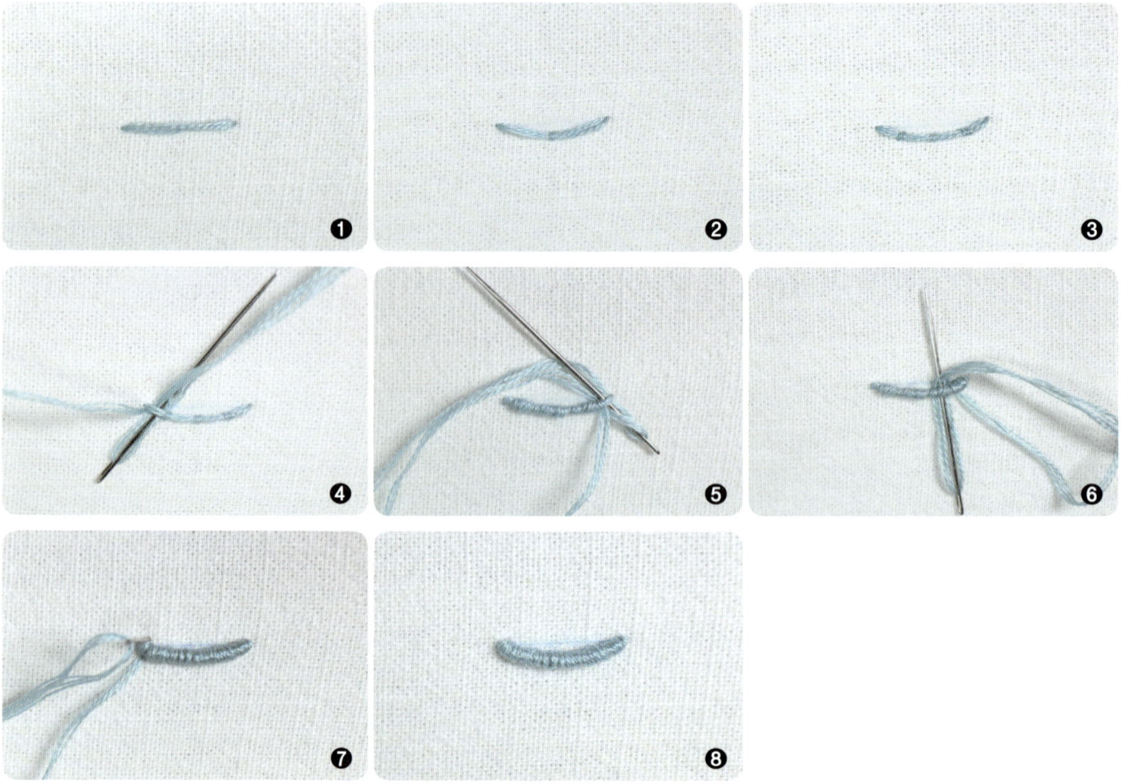

버튼홀 변형 스티치

실로 선을 만든 후 그 위에 고리를 만들어 버튼홀 스티치(82쪽)를 하는 기법으로 입체적인 꽃이나 잎, 동물의 털 등을 표현할 때 사용합니다.

1. 각 도안선을 따라 스트레이트한 후 왼쪽 시작점의 바로 위로 바늘을 빼냅니다.
2. 바늘 귀가 스트레이트의 실을 통과하도록 위쪽에서 아래쪽으로 넣어주세요. 원단을 꿰지 않고 실만 통과하는 것입니다.
3. 실이 바늘의 아래에 위치하도록 한 후 살살 당깁니다.
4. 고리를 적당하게 당겨서 모양을 만들어줍니다.
5. 다음 고리도 같은 방법으로 바늘 귀를 위쪽에서 아래쪽으로 넣고 실이 바늘의 아래에 위치하도록 한 후 당겨줍니다.
6. 고리들을 한쪽으로 촘촘하게 밀어주며 도안 끝까지 작업을 진행해 주세요.
7. 마지막 고리의 아래쪽에 바늘을 넣어줍니다.
8. 매듭지어 마무리합니다.

Tip 고리를 일정한 길이가 되도록 감기 어렵다면 가이드라인을 그린 후 진행하세요.

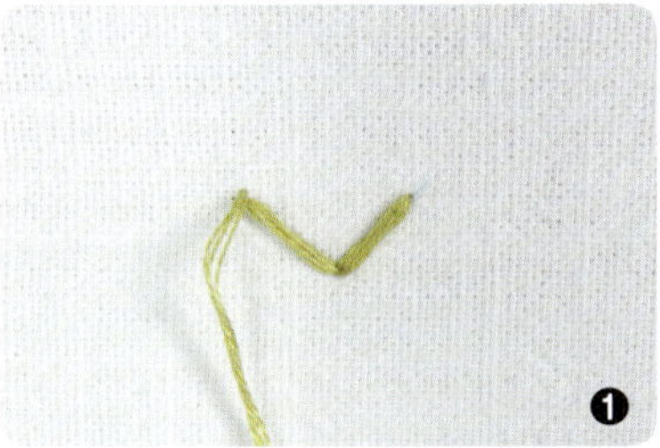

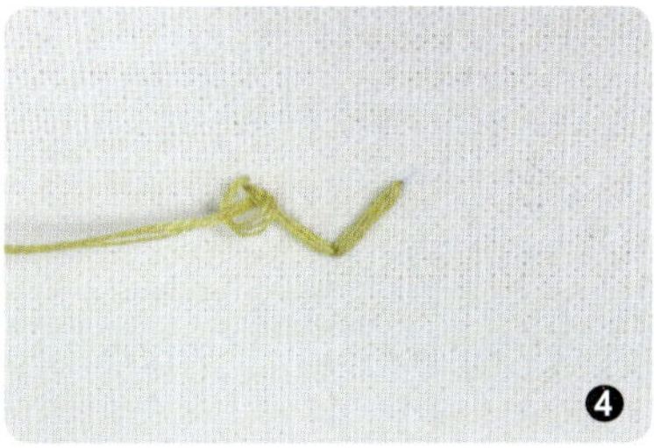

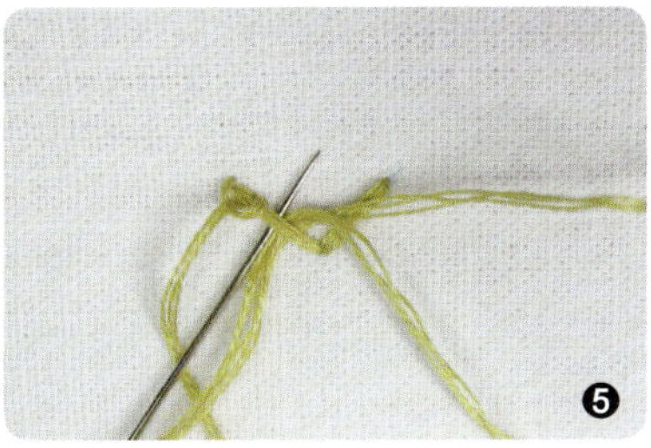

태슬 만들기

※ 장식용 술을 만드는 방법으로 완성한 소품이나 가방에 달아 포인트를 줍니다.

1. 타래실의 라벨지를 제거하고 타래가 원하는 정도의 두께가 되도록 실을 뽑아줍니다.
2. 뽑아준 실은 잘라내고, 다시 40cm 정도로 잘라 바늘에 꿰어 매듭지어줍니다.
3. 실 위에 타래를 올려놓고 매듭 사이에 바늘을 찔러 넣어주세요.
4. 타래의 가운데에 매듭이 오도록 실을 당겨 조여준 후 실을 아래로 내려주세요.
5. 매듭을 기준으로 양옆을 실로 3~4번씩 힘주어 감아줍니다.
6. 타래를 반으로 접고 바늘을 매듭에서 2cm 정도 아래에 위치시킨 후 타래실의 안쪽에서 바깥쪽으로 빼줍니다.
7. 실을 힘주어 당기며 원하는 두께만큼 감아줍니다.
8. 감아준 실의 중간에 바늘을 찔러 넣고 여러 곳을 3번 정도 왔다 갔다 통과시켜 풀리지 않게 고정합니다.
9. 접은 타래를 벌린 후 안쪽에서 바깥쪽으로 바늘을 통과시켜 고리를 만들어줍니다.

Tip 작은 크기의 태슬을 만들고 싶을 때는 타래실에서 실을 많이 빼내 얇게 만든 후 동일하게 작업하면 됩니다.

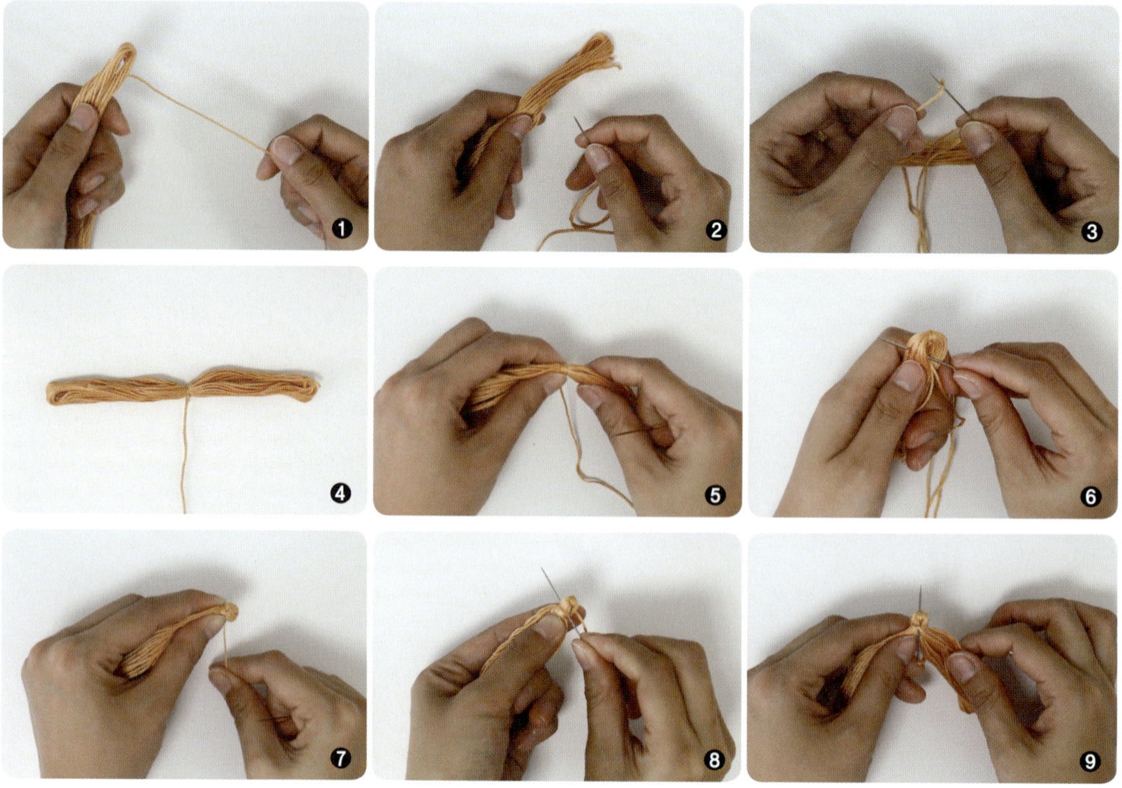

10 안쪽에서 매듭지은 후 남은 실을 잘라주세요.

11 원하는 길이로 실을 다듬으면 태슬 완성입니다.

태슬 달기

✕ 태슬을 원단에 고정해 자수에 장식적인 요소를 더해주거나 동물의 꼬리, 붓 등을 표현해보세요.

1 144쪽 과정 8까지만 진행한, 고리를 만들지 않은 태슬을 준비합니다.

2 달아주고 싶은 위치에 바늘을 넣어주세요.

3 태슬 위쪽의 실이 감긴 부분을 2~3번 정도 더 감아주세요. 이때 원단을 통과해 함께 감아 고정한 후 매듭지어줍니다.

4 원단에 가이드라인을 표시해주고 선에 맞춰 태슬을 잘라줍니다.

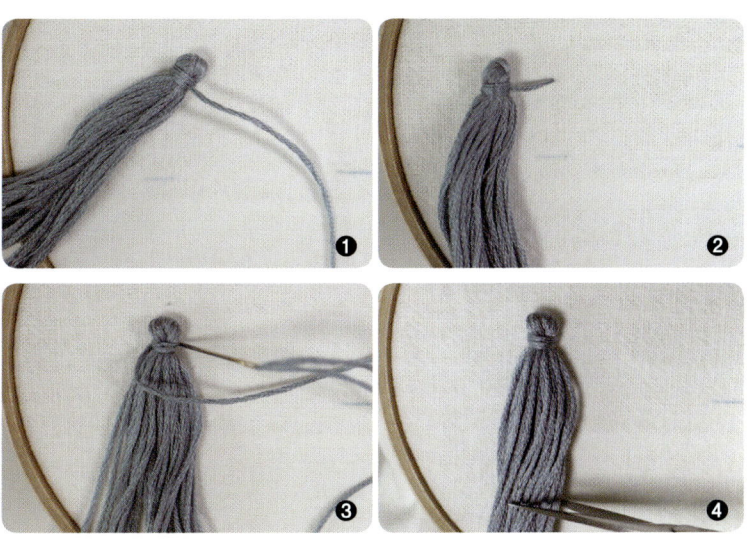

꽃구름과 아기곰 모빌

구름 위에서 즐겁게 놀고 있는 아이곰 디자인은

아이와 함께 한 여행길에서 아이디어를 얻었어요.

나란히 비행기에 앉아 창문 밖 뭉게구름을 내려다보는데

'엄마, 푹신한 구름 위에서 놀고싶어요.'라는 말을 하더라고요.

정말 그렇게 놀게 해주진 못하지만

아이의 꿈을 자수로나마 표현해주고 싶었답니다.

자수를 하는 내내 흐뭇한 마음이 들었어요.

preparation
준비하기

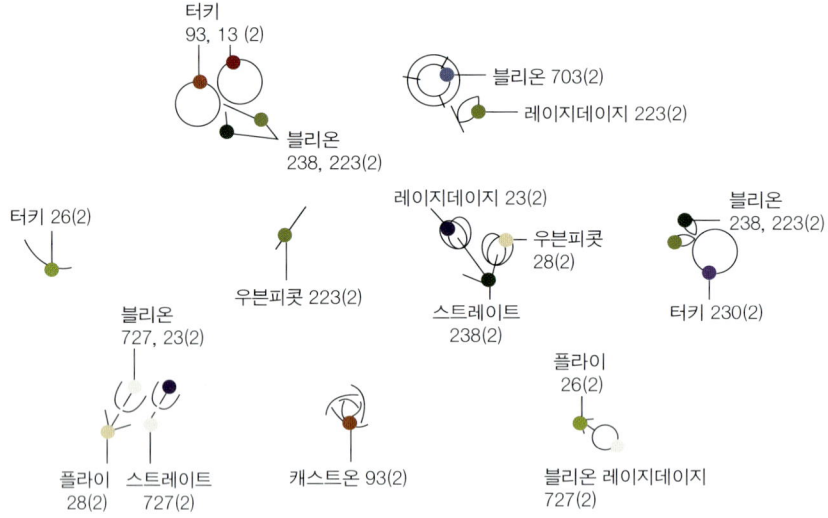

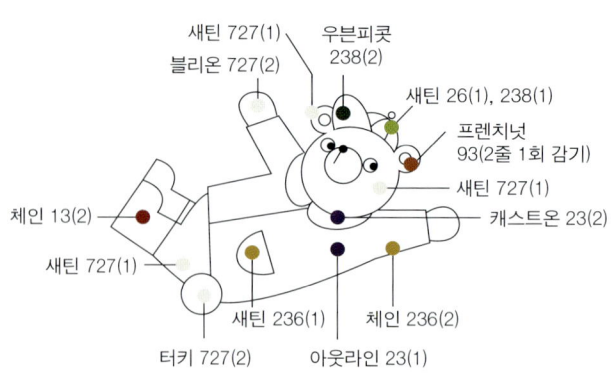

스티치	자수실 (덴마크 꽃실)			추가 준비물
스트레이트, 아웃라인	● 13	● 23	● 26	수틀, 패턴 있는 원단
프렌치넛, 새틴	● 28	● 93	● 223	접착 펠트지, 비즈
플라이, 레이지데이지	● 230	● 236	● 238	투명실, 시침핀
블리온, 블리온 레이지데이지	● 703	● 727		
캐스트온, 터키, 우븐피콧				
비즈 달기, 버튼홀				

embroidery
수놓기

● **꽃구름**

1. 수를 다 놓으면 반을 접을 것이므로 원단 위쪽에 꽃구름 도안을 원단 먹지를 이용해 옮겨주세요.
2. 터키 스티치로 꽃들을 수놓고 0.5cm 길이로 잘라줍니다.
3. 블리온, 블리온 레이지데이지 스티치가 표기된 부분들을 수놓아 꽃과 줄기를 표현합니다.
4. 우븐피콧 스티치가 표기된 부분들을 수놓아 잎과 꽃을 표현합니다.
5. 남은 줄기와 잎들은 플라이 스티치와 레이지데이지 스티치, 스트레이트로 표현합니다. 다홍색 꽃은 캐스트온 스티치로 수놓아주세요.
6. 남은 꽃은 비즈로 표현하고, 꽃 중앙에도 비즈를 달아주세요.

● **아기곰**

1. 원단 먹지를 이용해 아기곰 도안을 원단에 옮깁니다.
2. 새틴 스티치가 표기된 부분들을 수놓아 하얀털을 표현합니다.
3. 체인 스티치로 우비와 장화를 수놓습니다. 우비의 주머니는 새틴 스티치합니다.
4. 새틴 스티치로 모자를 수놓고, 모자의 챙은 우븐피콧 스티치하는데 끝쪽이 살짝 말리도록 조금 아래쪽으로 고정합니다.
5. 수성펜으로 우비의 체크 무늬를 0.5cm 정도 간격으로 그려주고 아웃라인 스티치합니다. 귀 안쪽은 프렌치넛 스티치로, 우비의 목 부분은 캐스트온 스티치로 표현합니다.
6. 손은 블리온 스티치를 4줄로, 풍성한 꼬리는 터키 스티치로 표현합니다. 꼬리는 촘촘하게 수놓을수록 잘랐을 때 풍성해지니 빈틈이 없도록 주의해 주세요.
7. 비즈를 달아 우비에 단추를 만들어주고, 검정 비즈로 볼록한 코와 눈을 표현합니다.

application

모빌 만들기

1 그린 도안의 테두리를 남기고 안쪽만 깨끗이 손세탁합니다. 수틀에 끼운 채로 말려줍니다. 입체 스티치가 많은 자수의 경우 이렇게 수틀에 끼워 말리면 다림질한 것처럼 깔끔해집니다. 건조되면 수틀을 뺀 후 수틀 자국이 있는 부분만 다려주세요.

2 원단은 뒤쪽으로 반 접어 위 아래를 시침핀으로 고정합니다.

3 테두리의 안쪽은 3865번사 3줄로 창구멍을 짧게 남기고 박음질(22쪽)해 주세요. 이후 창구멍으로 솜을 채워줍니다.

4 창구멍을 박음질로 막아주고 테두리의 바깥쪽도 마저 박음질합니다.

5 박음질한 두 줄을 가이드라인 삼아 그 부분을 덮으면서 3865번사 3줄로 버튼홀 스티치를 해줍니다. 곡선이 꺾이는 부분은 버튼홀로 촘촘하게 채우기 힘드니 스트레이트로 채워주세요. 버튼홀 스티치가 끝나면 사진과 같이 구름 중앙에 비즈 2개를 달아줍니다. 이때, 실을 팽팽하게 당겨주세요.

6 날카로운 가위를 이용하여 버튼홀 라인을 따라 원단을 자릅니다. 너무 바짝 자르면 실이 끊어질 수 있으니 주의합니다. (컷아웃 기법)

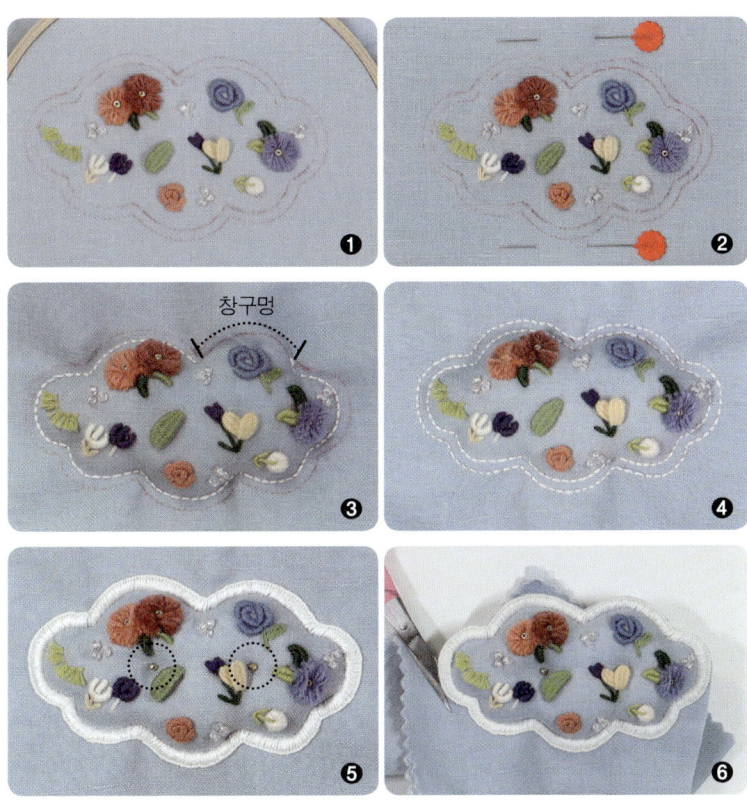

7 수놓은 아기곰 원단과 빗방울을 그린 원단, 접착 펠트지를 준비합니다.

8 각각의 원단 뒤쪽에 접착 펠트지를 붙인 후 테두리를 따라 자릅니다.

9 투명실을 길게 잘라 완성한 작품들을 차례대로 엮어줄 차례입니다. 수틀의 안쪽에 바늘에 꿴 투명실을 단단히 묶고 아기곰과 구름의 뒷면에 바늘을 통과시켜 서로 연결합니다.

10 구름에서 나온 투명실을 아래쪽 수틀에 묶고 빗방울들의 뒷면에 바늘을 꿰어 연결합니다. 마지막에 나무 구슬처럼 무게가 나가는 소품을 달아주면 일직선의 모양이 더 잘 잡힐 거예요. 이제 바깥 수틀을 안쪽 수틀 위에 끼운 후 나사를 단단히 조여 고정합니다.

11 모빌이 완성되었습니다. 끈이나 실 등을 이용해 공중에 매달아두면 아이곰과 구름이 자연스럽게 돌아가며 움직일 거예요.

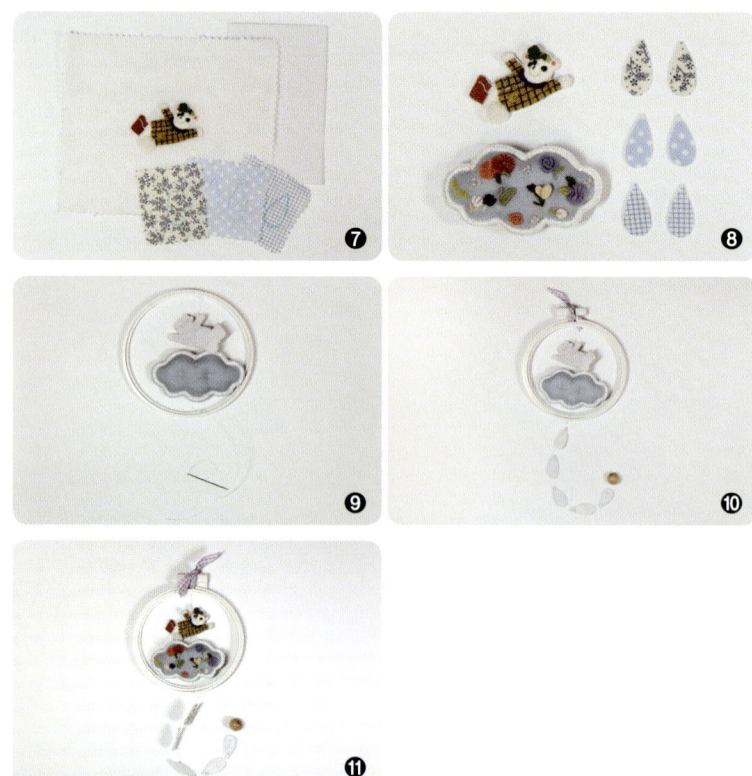

입체 꽃 자석

다양한 소품으로 활용하기 좋은 입체 꽃자수를 소개합니다.

입체 기법을 활용해 자수를 놓으면 평범한 꽃 모양도 근사해져요.

특히 테두리를 실로 감싸주면 더 탄탄한 꽃을 완성할 수 있어서

이런저런 소품을 만들기가 편하지요.

뒷면에 자석을 달아 사용해도 좋고, 브로치 핀을 붙여서

옷이나 가방에 달면 포인트가 되어 예쁘답니다.

preparation

준비하기

캐스트온 w753(2)
캐스트온 감기 20(2)

캐스트온 w742(2)
캐스트온 감기 791(2)
우븐피콧 733(3)

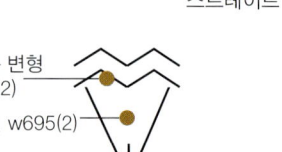
우븐피콧 w892(2)
우븐피콧 감기 ecru(2)
스트레이트 3345(3)

버튼홀 변형 w695(2)
새틴 w695(2)
블리온 733(3)

터키 w991(2), a78(3)

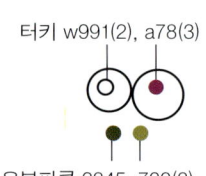
우븐피콧 3345, 733(3)

스티치	자수실		추가 준비물
스트레이트, 블리온	● ecru	● 733	원단용 풀, 글루건 또는 강력 접착제
캐스트온, 비즈 달기	● 791	● 3345	● a78	접착 펠트지, 원형 자석(지름 1cm)
우븐피콧, 버튼홀 변형	● w695	● w742	● w753	비즈, 투명실
	● w892	○ w991		

embroidery 수놓기

1. 꽃들 사이의 간격을 넉넉하게 두고 원단 먹지를 이용해 도안을 원단에 옮깁니다.
2. 수틀을 끼우고 가느다란 우유 빨대를 바늘 길이로 잘라 바늘에 끼운 후 제일 아래 꽃잎부터 캐스트온 스티치를 10회 가량 해줍니다.
3. 시계 방향으로 차례대로 진행해 꽃잎 5장을 수놓고 모양을 잘 잡아줍니다.
4. 같은 방법으로 파란꽃을 만들어줍니다.
5. 사진과 같이 꽃잎의 끝 테두리를 실로 감아줍니다. 이때 바늘 귀쪽을 이용하면 울사의 올이 풀리지 않게 감을 수 있습니다. 구멍이 성글기 때문에 같은 자리를 2~3번 정도 감아줘야 테두리가 깔끔하게 채워집니다.
6. 파란꽃도 같은 방법으로 탄탄하게 테두리를 감고 우븐피콧 스티치가 표기된 부분을 수놓습니다.

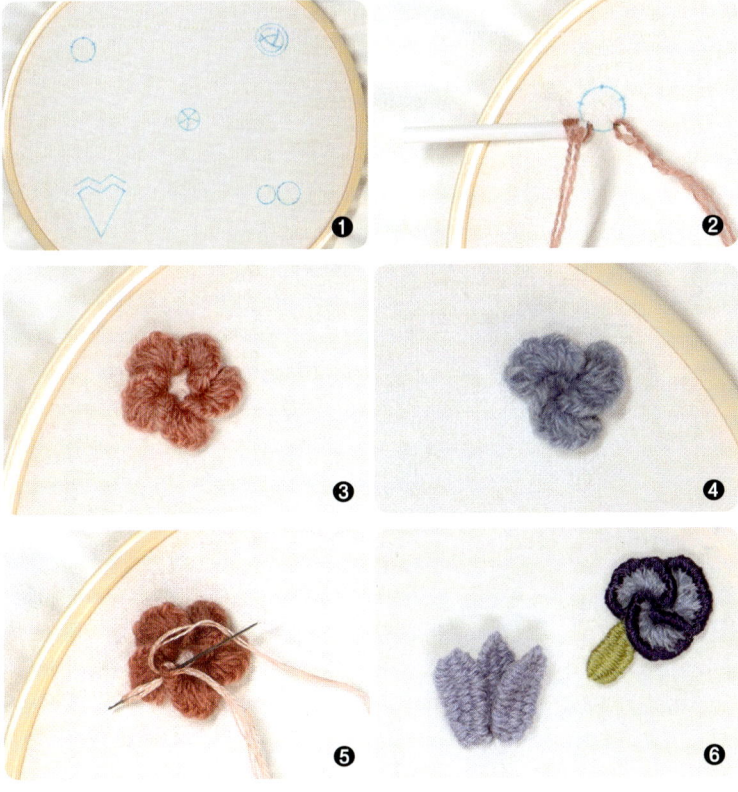

7 보라색 꽃잎의 테두리 중 윗부분만 감을건데, 가운데 꽃잎은 우븐피콧의 뒷면에서 매듭이 시작되게 감고 양쪽 두 꽃잎은 앞면에서 감기를 시작하여 매듭이 앞면에 오게합니다.

8 양쪽 두 꽃잎을 바깥쪽으로 벌려 접어준 후 같은 색 울사로 원단에 고정합니다. 이후 꽃받침을 스트레이트합니다.

9 새틴 스티치로 노란꽃을 만들어주고, 버튼홀 변형 스티치를 할 부분을 스트레이트로 표시합니다.

10 손에 힘을 풀고 고리를 크게 만들어 버튼홀 변형 스티치를 수놓습니다.

11 블리온 스티치 3줄로 꽃받침을 표현합니다.

12 터키 스티치로 풍성한 꽃 2송이를 만든 후 우븐피콧 스티치로 잎 2장을 만들어줍니다.

13 꽃잎이 모이는 가운데 빈 공간에 비즈를 달아주세요. 보라색 꽃은 가운데 잎에 비즈 3개를 달고 스트레이트하며 수술을 표현해 주세요.

application

꽃 자석 만들기

1. 수놓은 원단을 손세탁한 후 자연건조합니다. 원단이 보이지 않는 소품이므로 다림질하지 않아도 괜찮습니다.
2. 원단 뒷면에 실로 채워져 있는 부분의 둘레보다 0.5cm 정도 바깥쪽에 수성펜으로 원을 그려줍니다.
3. 원 크기대로 자른 후 빙 둘러 가위집을 내줍니다.
4. 가위집을 안쪽으로 접은 후 원단용 풀로 붙여줍니다.
5. 접힌 부분에 접착 펠트지를 붙여 지저분한 부분을 가린 후 글루건이나 강력 접착제를 이용해 자석을 붙입니다.
6. 자력으로 자석이 서로 붙을 수 있으니 꽃들을 널찍이 떨어뜨려 접착제를 말려주세요.

화장품 지퍼 파우치

자주 갖고 다니는 화장품을 수놓아 누가 봐도

내 것인 파우치를 완성해보세요.

반제품 파우치를 활용하면 만들기 편한데요.

각자 좋아하는 색깔로 준비해 나만의 취향을 가득 담아보세요.

매일 가방에 넣고 다녀야 하니

취향이 가득 담겨 있으면 더욱 좋겠지요?

preparation
준비하기

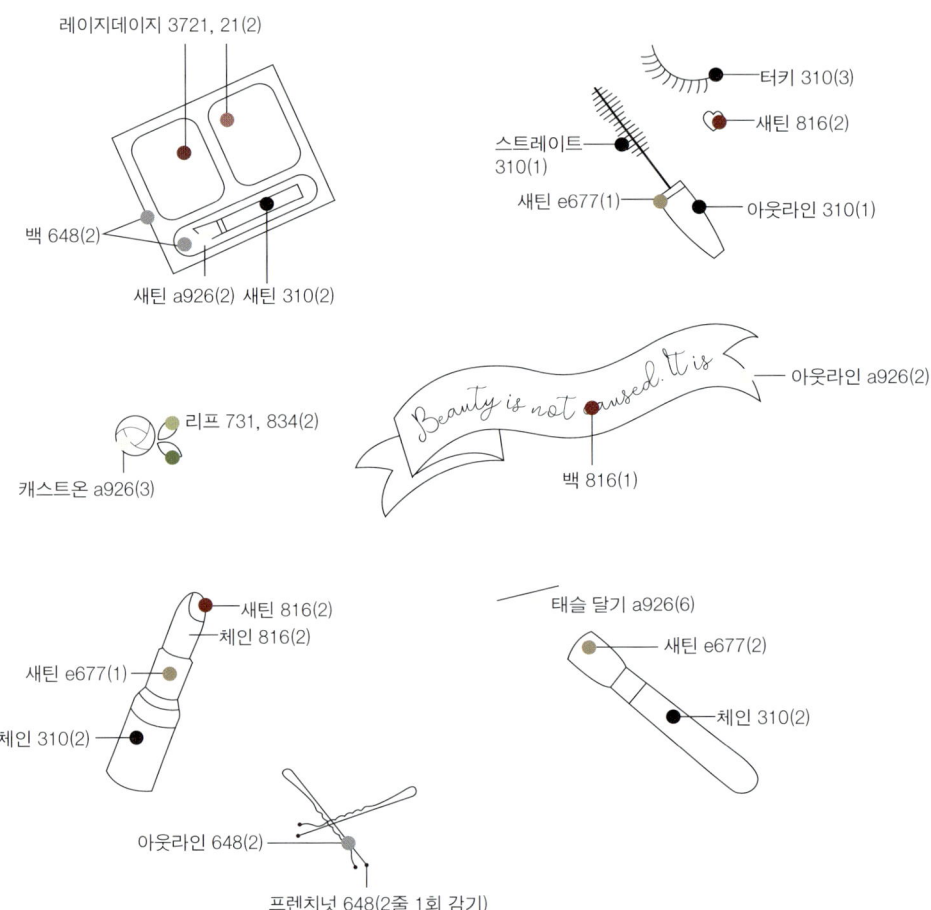

스티치	자수실			추가 준비물
스트레이트, 아웃라인	● 21	● 310	● 648	비즈, 투명실
백, 체인, 새틴	● 731	● 816	● 834	
리프, 레이지데이지	● 3721	a926	● e677	
비즈 달기, 캐스트온				
터키, 태슬 만들기				

embroidery

수놓기

1. 원단 먹지를 이용해 도안을 파우치에 옮깁니다.
2. 아이섀도우 팔레트 부분에 수틀을 끼우고 레이지데이지 스티치로 촘촘하게 채워줍니다. 팔레트와 브러쉬팁 테두리를 백 스티치합니다. 작은 브러쉬팁은 새틴 스티치합니다.
3. 우측 상단의 속눈썹 모양을 터키 스티치한 후 길이를 다듬어주고 바로 아래 새틴 스티치로 하트를 수놓습니다. 새틴, 아웃라인, 스트레이트로 마스카라를 표현합니다.
4. 새틴과 체인 스티치로 립스틱과 브러쉬를 채워줍니다. 립스틱, 실핀의 아웃라인 스티치가 표기된 선들도 수놓습니다. 실핀 끝은 프렌치넛 스티치로 표현합니다.
5. 짧은 땀의 백 스티치로 레터링 자수를 하고, 아웃라인 스티치로 리본 테두리 부분을 수놓습니다. 잎들은 리프 스티치로, 꽃들은 꽃잎이 3개가 되도록 캐스트온 스티치로 수놓습니다.
6. 파우치 중간중간 투명실로 비즈를 달아줍니다

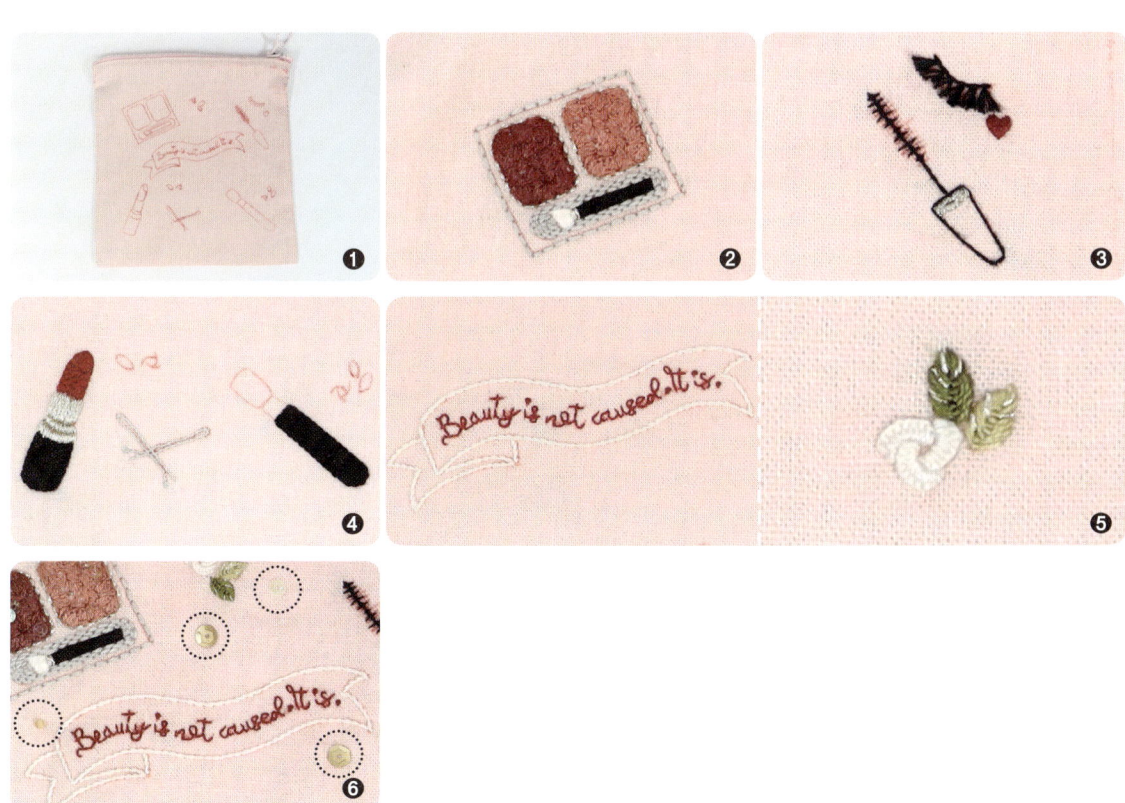

7   태슬을 만들어 브러쉬 위치에 올리고 태슬의 기둥 부분을 원단에 고정합니다.

8   e677 메탈릭사 2줄을 30cm 길이로 잘라 태슬의 기둥 부분부터 브러쉬 손잡이 부분까지 자연스럽게 이어지게 새틴 스티치합니다. 태슬 기둥이 브러쉬 손잡이보다 더 두꺼우니 새틴을 여러 겹 반복해 높이를 비슷하게 맞춰줍니다.

9   태슬의 고리 부분을 잘라줍니다.

10 태슬을 비스듬하게 잘라 사선 브러쉬로 만들어주세요.

11 고리 있는 태슬을 만들어 지퍼에 달아 멋을 내주세요. 러블리한 화장품 파우치 완성입니다.

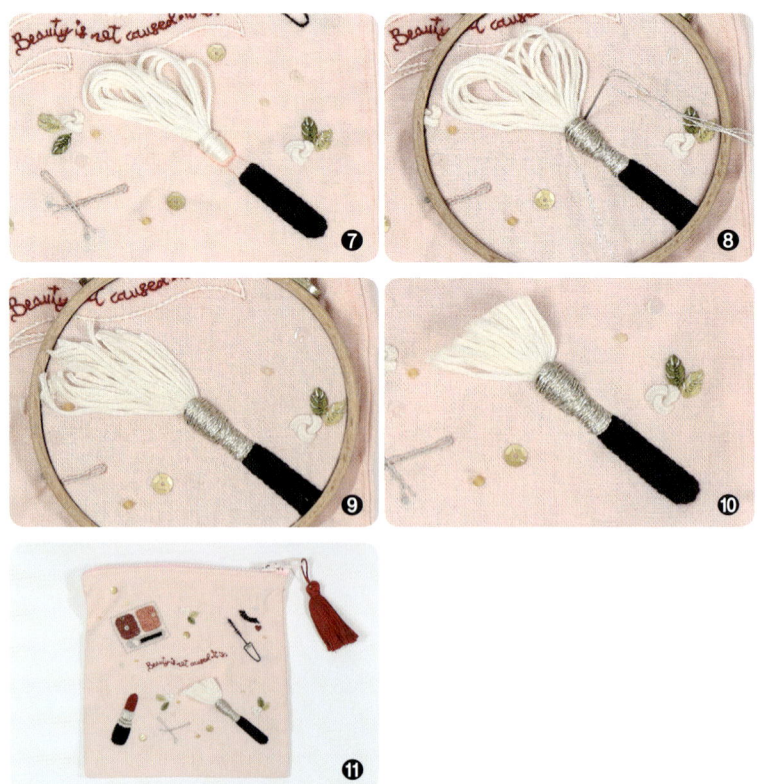

인어공주 키링

어릴 적 동화책에 등장하는 캐릭터 중 유독 좋아했던 것이 있나요?

저는 인어공주를 무척 좋아했어요.

붉은 머리카락에 반짝이는 비늘을 가진 공주가

바닷속에서 자유롭게 헤엄치는 모습이 너무 예뻐보였거든요.

인어공주를 입체 자수로 수놓아 동심을 자극하는 키링을 제작했어요.

손에 진주 한 알을 올려 화려함도 더해주었답니다.

직접 만든 조개 동전지갑(172쪽)에 달아주면 더욱 예뻐요!

preparation
준비하기

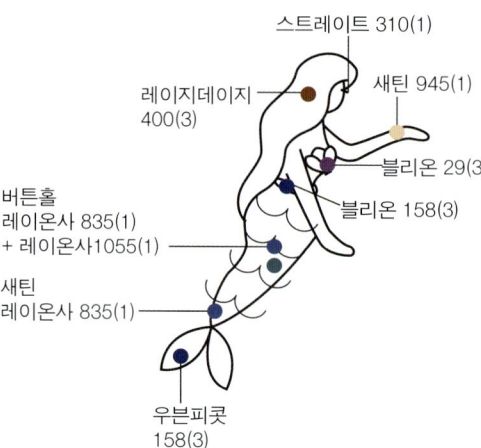

스티치	자수실	추가 준비물
스트레이트, 새틴 레이지데이지, 버튼홀 블리온, 비즈 달기 우븐피콧	● 29 ● 158 ● 310 ● 400 ● 945 ○ 3865 ● 앵커 레이온사 835 ● 앵커 레이온사 1055 ○ 디아망뜨 d5200	키링 실크 리본끈 진주 비즈 투명실 올풀림 방지액

embroidery
수놓기

1 수를 다 놓으면 반을 접을 것이므로 원단 한쪽에 원단 먹지를 이용해 도안을 옮깁니다.

2 수틀을 끼우고 상체 부분을 새틴 스티치합니다.

3 레이지데이지 스티치로 머리카락을 표현합니다. 아래쪽부터 위쪽 순으로 진행하며 땀 길이를 자유롭게 조절해가며 수놓습니다. 도안을 따라 촘촘하게 수놓아 풍성한 머리카락을 표현해 주세요.

4 레이온사를 30cm 정도로 짧게 잘라 하체 부분을 위쪽부터 버튼홀 스티치로 수놓습니다. 맨 아래 칸은 새틴 스티치로 채워줍니다. 레이온사는 매우 매끄러운 재질이므로 짧게 잘라 사용해야 수놓을 때 편하답니다.

5 가슴 부분의 조개는 블리온 스티치 3줄로 표현합니다. 상체와 하체 연결 부위를 블리온 스티치로 수놓습니다.

6 우븐피콧 스티치로 지느러미를 만들어줍니다.

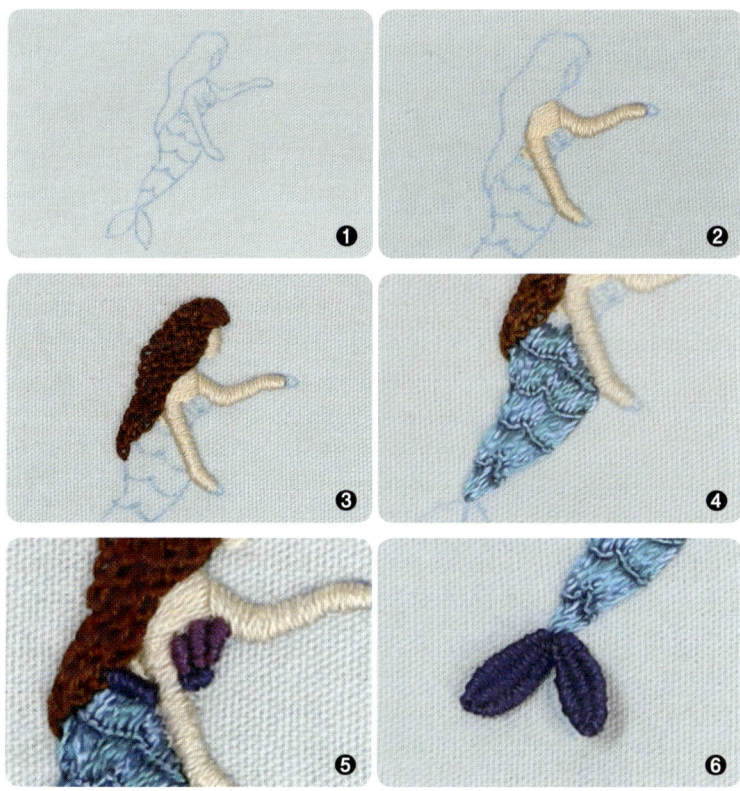

application

키링 만들기

1. 수성펜으로 도안 테두리보다 0.3cm 바깥쪽에 재단선을 그려줍니다.
2. 원단을 반 접은 상태에서 인어공주 부분을 뒤쪽 원단에 실로 고정합니다. 이 때 인어공주 도안의 안쪽 부분에서만 실을 고정하고 실은 나중에 잘라낼 것이므로 헐겁게 고정하며, 실의 색은 어떤 것이든 상관 없습니다.
3. 재단선을 따라 자른 후 테두리에 올풀림 방지액을 발라 건조시킵니다.
4. 3865번사 3줄을 바늘에 꿴 후 원단 2장을 살짝 벌려 그 사이로 바늘을 넣어 매듭을 가려주세요. 사진과 같이 앞쪽으로 바늘을 빼내 테두리를 빙 둘러 촘촘하게 바느질합니다.
5. 과정 4에서 만든 테두리 군데군데를 디아망뜨 d5200 1줄로 감아 포인트를 주세요.
6. 인어공주 손 위에 진주 비즈를 달고, 스트레이트로 눈을 표현합니다. 인어공주 도안을 고정했던 실은 잘라 제거합니다.

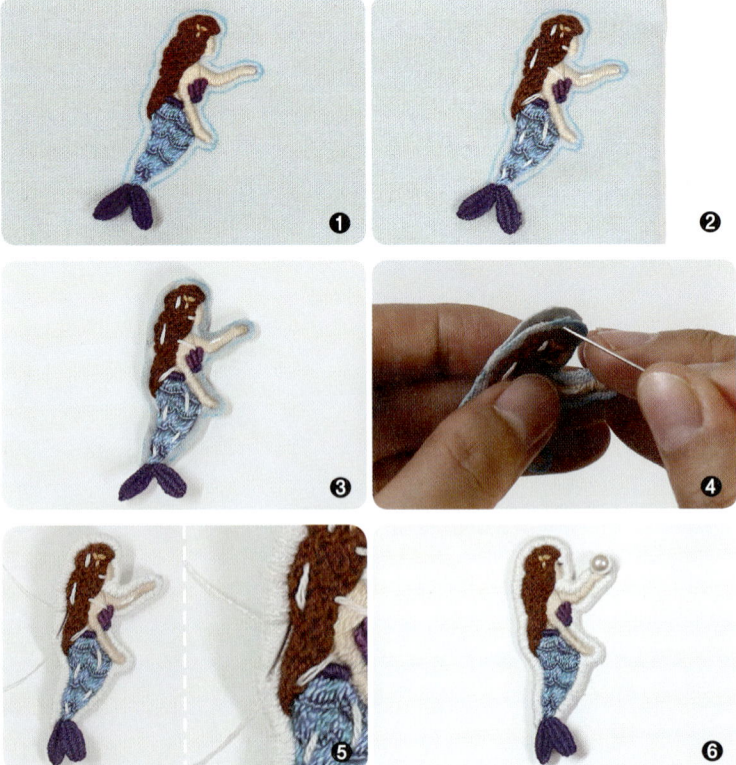

7 키링을 준비하고, 0.3cm 두께의 실크 리본끈을 바늘에 꿰어주세요. 매듭은 짓지 않습니다.

8 실크 리본끈을 인어공주 원단 뒷면에 꿴 후 고리를 만들어 키링과 함께 고정합니다.

9 매듭지어 마무리합니다. 조개 동전지갑(172쪽)에 달면 더욱 예쁩니다.

진주를 품은 조개 동전지갑

우아하고 고급스러운 느낌의 조개 모양 동전지갑입니다.

메탈사를 활용해 반짝이는 효과도 냈어요.

가운데에 커다란 진주를 달아주면 화려함이 한층 업그레이드되고,

한 쪽에 인어공주 키링(166쪽)을 달아주면

소장가치는 무한상승합니다. 귀찮았던 거스름돈 받는 일이

이제 기다려질지도 몰라요!

~~~~ preparation ~~~~
준비하기

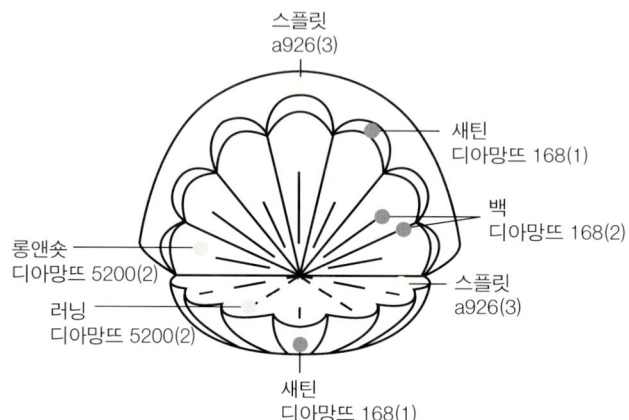

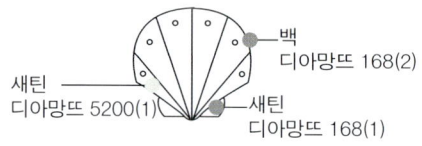

스티치	자수실	추가 준비물
러닝, 백	● 디아망뜨 168	안감용 원단
새틴, 스플릿	◐ 디아망뜨 5200	원단용 풀, 노끈
롱앤숏, 비즈 달기	a926	똑딱이 프레임(8cm), 시침핀
	○ 3865	프레임용 공구 또는 송곳
		비즈, 투명실

embroidery
수놓기

● **앞판**

1. 원단 먹지를 이용해 앞판 도안을 원단에 옮깁니다. 두꺼운 메탈사로 넓은 면적을 채우기 때문에 일반적인 린넨 11수 원단보다는 얇은 20수 원단을 사용하세요.
2. 도안의 가장 위쪽을 스플릿 스티치로 꼼꼼하게 채워주세요.
3. 조개의 겉면을 새틴 스티치로 채워주세요. 디아망뜨 메탈사는 일반 메탈사보다 좀 더 탄탄하고 실이 덜 꺾이기 때문에 일반 면사처럼 40~50cm 정도의 길이로 잘라서 사용해도 됩니다.
4. 조개 안쪽 부분을 롱앤숏 스티치로 수놓는데, 아래부터 위쪽으로 땀의 수를 늘려가며 수놓습니다. 아랫부분은 스플릿 스티치로 채워줍니다.
5. 조개 안쪽 부분을 백 스티치로 7등분합니다. 포인트를 줄 부분들을 사진과 같이 수성펜으로 표시합니다.
6. 위쪽은 백 스티치로 아래쪽은 러닝 스티치로 수성펜 선을 따라 수놓습니다.

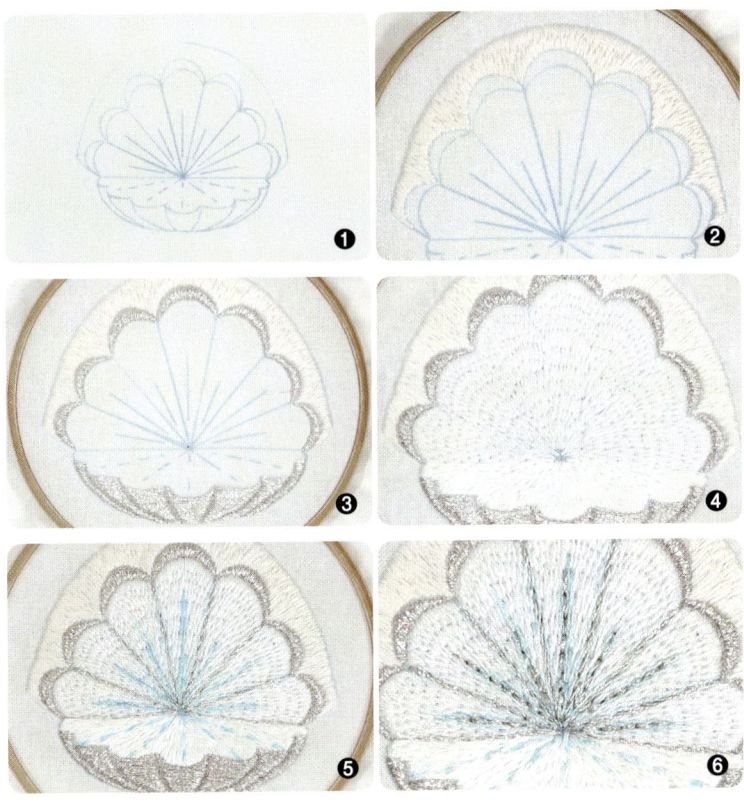

● 뒤판

1. 원단 먹지를 이용해 뒤판 도안을 원단에 옮깁니다. 면을 자수로 가득 채우는 것이 아니기 때문에 흔히 사용하는 탄탄한 자수용 원단을 사용합니다.
2. 새틴과 백 스티치로 작은 조개를 수놓습니다.
3. 포인트가 되어줄 비즈들을 사진과 같은 위치에 달아줍니다.

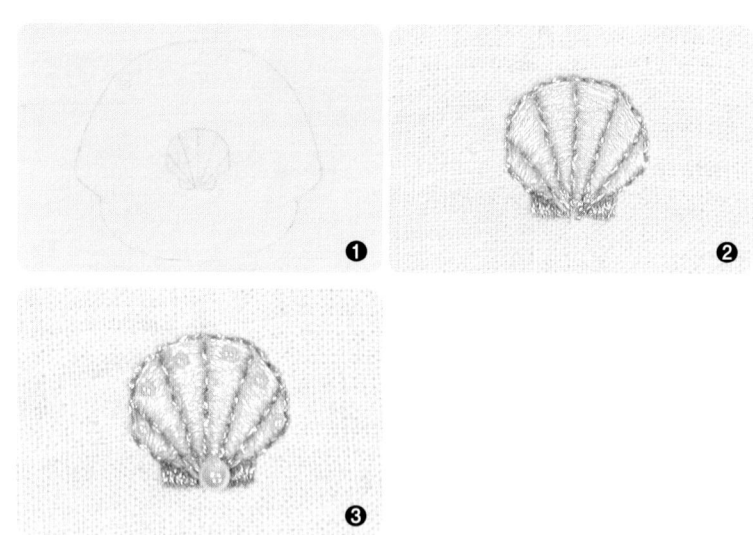

application

동전지갑 만들기

1 수놓은 앞판과 뒤판 원단을 손세탁한 후 다림질합니다. 동전지갑의 안감이 되어줄 원단 2장도 추가로 준비합니다.

2 안감 위에 겉감을 뒤집어서 올린 후 위아래를 시침핀으로 고정합니다.

3 창구멍을 남기고 도안의 테두리를 따라 박음질(22쪽)합니다. 도안 테두리보다 0.3cm 바깥쪽에 재단선을 그려줍니다.

4 뒤판도 과정 2~3과 같은 방식으로 작업합니다.

5 재단선을 따라 자르고 테두리 부분에 0.3cm 간격으로 촘촘하게 가위집을 내줍니다. 모서리 부분은 박음질선에 거의 닿을 정도로 바짝 잘라줍니다.

6 창구멍을 통해 뒤집은 후 창구멍을 공구르기(23쪽)로 막고 앞판에 커다란 진주를 달아줍니다. 진주를 미리 달면 바느질하기 불편하니 이 과정에서 달아주세요.

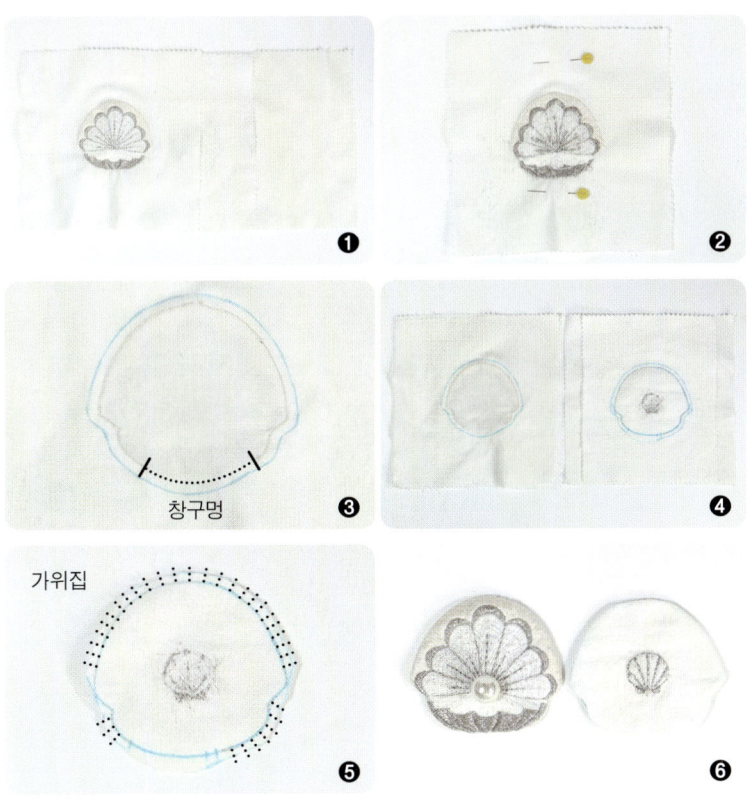

7 앞판과 뒤판의 안감이 서로 닿게 두고 시침핀으로 두 판을 고정합니다. 공구르기가 필요한 위치를 사진처럼 표시합니다.

8 수성펜으로 표시해둔 아랫부분만 3865번사 3줄로 겉면과 겉면끼리 공구르기합니다. 이때 힘이 많이 들어갈 수 있는데 너무 당겨가며 바느질하면 지갑의 크기가 줄어들고 원단이 울게 되니 주의하세요.

9 똑딱이 프레임과 완성된 조개, 노끈, 원단용 풀을 준비합니다. 대부분 프레임을 구입하면 노끈이 함께 들어있으므로 그것을 사용하면 됩니다.

10 프레임의 홈 부분에 원단용 풀을 발라줍니다. 너무 많이 바르면 완성된 조개를 붙였을 때 접착제가 삐져나와 지저분해지니 홈의 깊은 부분에만 발라주세요.

11 프레임에 맞춰서 조개 원단을 위치시킨 후 각각의 판을 프레임에 끼워 넣습니다. 노끈도 홈의 안쪽으로 넣어줍니다. 노끈은 프레임과 원단 사이에 뜨는 공간을 채워주는 역할을 하므로 뒤판 쪽에만 넣으면 됩니다. 원단 두께에 따라 프레임과 조개 사이의 공간이 달라질 수 있으니 필요할 경우엔 앞판 쪽에도 넣어주세요. 프레임용 공구로 노끈을 안쪽 깊숙이 꾹꾹 눌러 넣어줍니다.

12 풀이 충분히 마를 때까지 만지지 말고 기다리면 완성입니다.

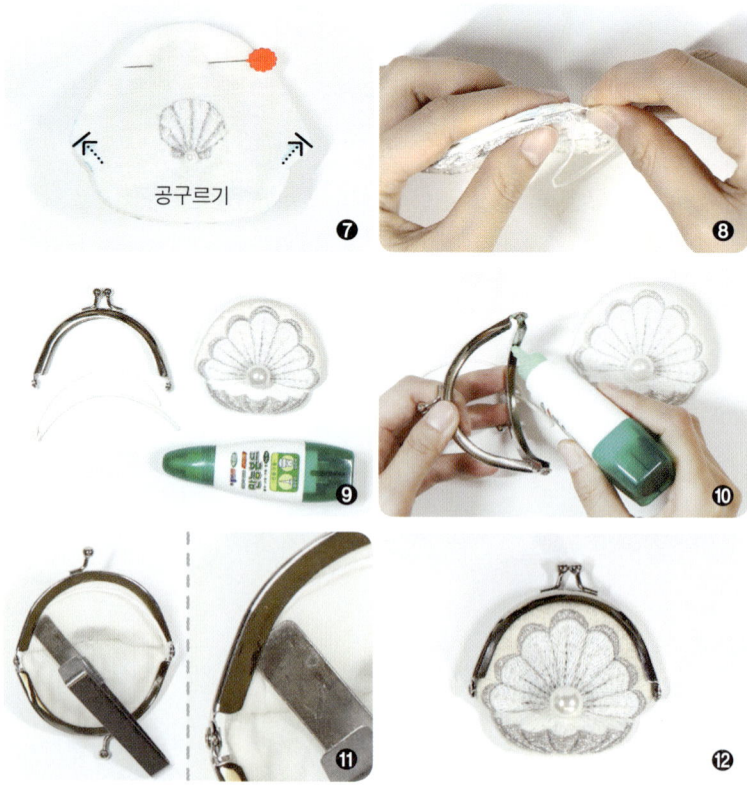

카네이션 용돈봉투

매년 찾아오는 어버이날, 부모님 생신 등의 기념일마다

부모님께 용돈봉투를 드릴 일이 생기더라고요.

그래서 단정하고 특별한 자수 봉투를 직접 만들어보면

어떨까 싶었어요. 감사의 마음을 담아 카네이션을 수놓았더니

용돈 전용 봉투로 딱이네요. 종이가 아닌 원단을 접어 만든 봉투라

오래오래 쓰기에도 좋답니다.

preparation
준비하기

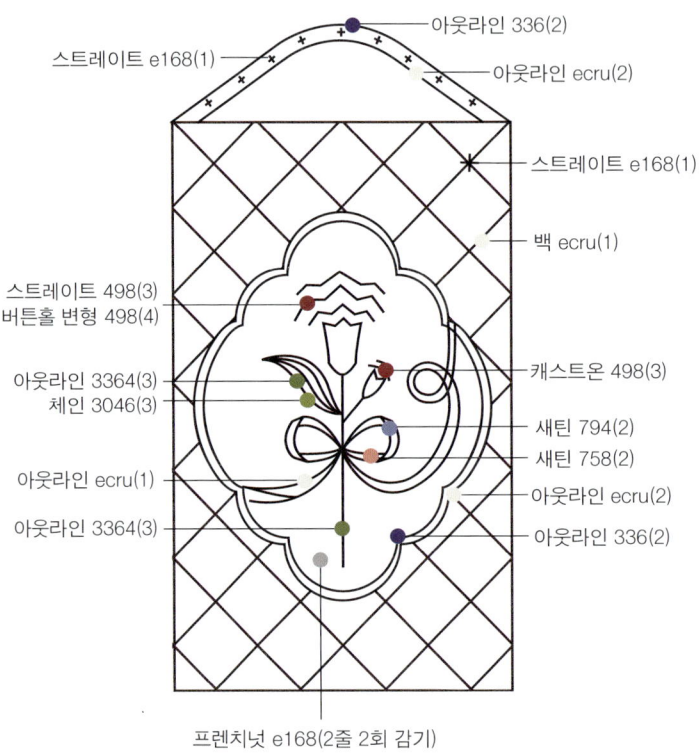

봉투 전개도
(184쪽 과정 1 참고)

단위: cm

embroidery 수놓기

1. 원단 먹지를 이용해 도안을 원단에 옮깁니다. 수놓을 부분만 옮기고 봉투의 전개도는 사진과 같이 테두리의 코너 부분만 표시해둡니다.
2. 리본을 새틴 스티치로 채우고 테두리는 아웃라인 스티치합니다.
3. 카네이션은 줄기와 잎의 테두리를 먼저 아웃라인 스티치하고 사이사이를 체인 스티치로 채워줍니다.
4. 액자 모양을 따라 아웃라인 스티치한 후 액자 바깥쪽의 사선들은 백 스티치로 수놓습니다.
5. 사선 4줄이 겹치는 부분에 e168번사 1줄로 십자 모양 스트레이트를 수놓습니다. 액자 모양과 카네이션 사이 빈 공간에 프렌치넛 스티치로 포인트를 줍니다.
6. 카네이션 도안을 따라 스트레이트합니다.
7. 과정 6의 선을 가이드라인 삼아 꽃의 아래쪽부터 버튼홀 변형 스티치를 수놓습니다. 손에 힘을 풀고 성글게 실을 엮어나가세요.
8. 작은 카네이션은 아래쪽부터 캐스트온 스티치를 3줄 수놓습니다.
9. 봉투의 덮개가 되는 부분을 아웃라인 스티치하고 두 줄 사이의 공간을 십자 모양 스트레이트로 채워줍니다.

패브릭봉투 만들기

application

1. 봉투의 전개도 코너 부분에 표시해둔 선들만 남기고 도안 부분은 깨끗이 손세탁하여 말려줍니다. 표시해둔 선들을 수성펜으로 이어 전개도를 그립니다.

2. 원단 뒷면에 실크 심지를 붙여줍니다.

3. 전개도 선을 따라 자른 후 테두리에 올풀림 방지액을 발라 건조시킵니다. 자를 때 봉투 덮개 부분의 아웃라인 스티치가 닿지 않도록 주의합니다.

4. 봉투 모양으로 접어주고 겹치는 부분에 원단용 풀을 발라 건조시킵니다. 투명 똑딱이를 달아 마무리합니다.

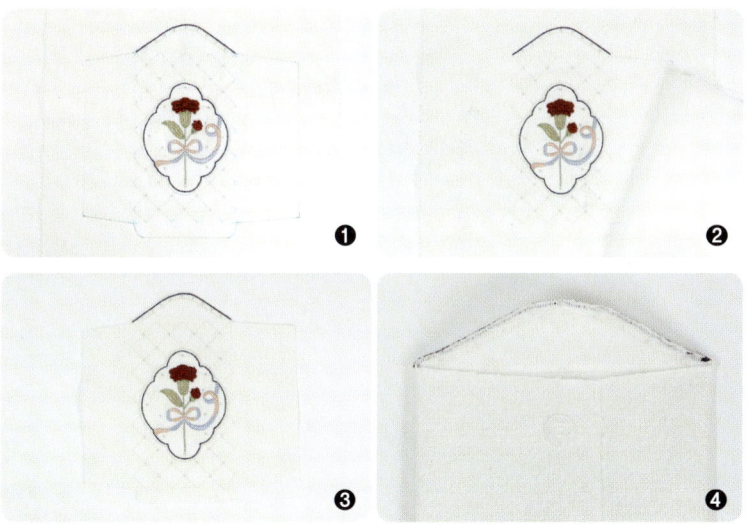

. Chapter 4 .

원단을 덧대 더욱 다채롭게!
아플리케 자수

×××

자수를 좋아하다 보면 다양한 실의 종류만큼이나 수많은 원단을 만나게 될 거예요. 하나의 작품을 실로만 표현하는 게 아쉬울 때가 있는데, 그럴 때 아플리케 기법을 활용해보세요. 다채로운 조각 원단을 덧대어 밀도 있는 작품을 완성하는 기법이에요. 같은 도안이라도 아플리케 원단의 종류에 따라 색다른 느낌으로 연출할 수 있답니다.

이번 장에서 주로 사용하는
2가지 스티치

스티치 소개 페이지에서는 **실 3줄**과 **5호 바늘**을 이용하여 수놓았습니다.

카우칭 스티치

✕ 하나의 실을 도안선 위에 올려둔 채 이를 다른 실로 원단에 고정하는 기법입니다. 아플리케할 원단을 고정할 때 주로 사용하며 곡선을 표현할 때도 유용합니다.

1. 두 개의 바늘에 각각 다른 색의 실을 꿰어 준비합니다.
2. 도안선의 왼쪽 끝에서 한 개의 바늘을 빼냅니다.
3. 다른 바늘로 도안선 위의 실을 짧은 땀으로 고정해줍니다.
4. 2~3mm 간격을 유지하며 도안선 끝까지 진행합니다.
5. 도안선 위의 실(빨간색)은 선이 끝나는 지점에서 원단 뒤로 넣어 마무리합니다. 고정에 사용한 실(파란색)은 사진과 같이 적정 간격의 땀을 완성한 채 마무리하거나 선이 끝나는 지점에서 원단 뒤로 넣어 매듭지어주세요.

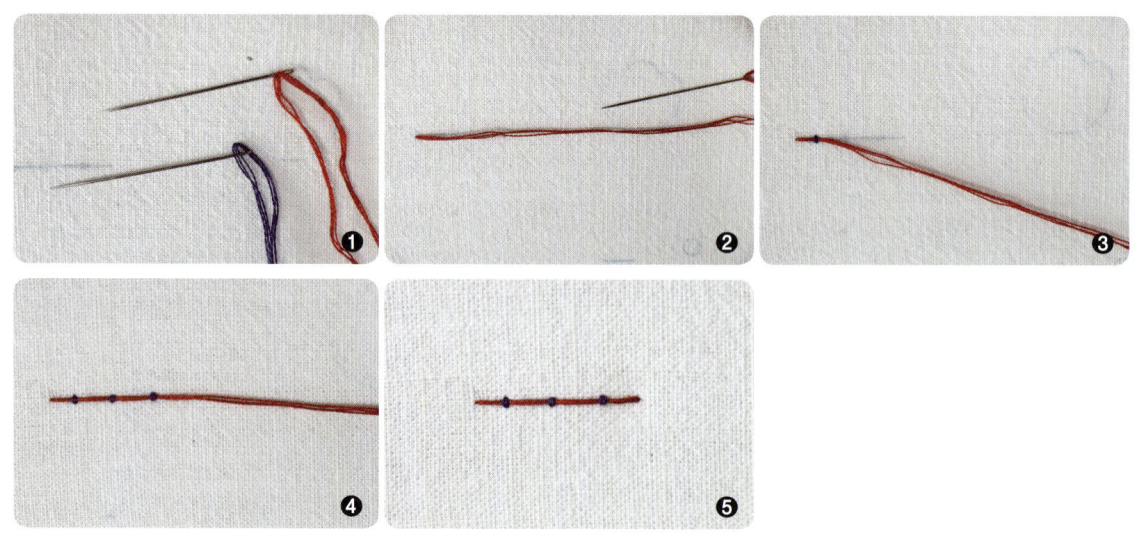

아플리케

✕ 원단 위에 다른 원단이나 펠트지, 가죽 등을 적당한 형태로 잘라서 붙이는 기법입니다. 짧은 땀을 수놓아 붙이기도 하고, 공구르기, 카우칭 스티치 등으로 고정하기도 합니다. 책에서는 주로 카우칭 스티치로 고정하는 법을 소개합니다.

1. 아플리케 할 원단에 도안을 한 번 더 그린 후 여백을 두고 적당한 크기로 자릅니다.
2. 양면 접착 심지를 원단과 같은 크기로 잘라 뒷면에 붙여줍니다.
3. 다림질을 해 양면 접착 심지가 원단에 잘 붙게합니다.
4. 테두리를 따라 가위로 잘라주세요.

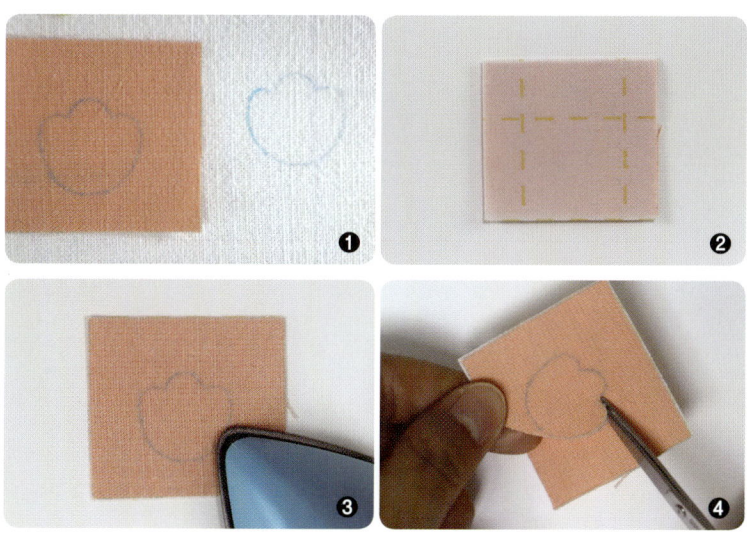

5 양면 접착 심지에 붙어있는 얇은 필름을 벗겨냅니다.

6 배경 원단에 아플리케 원단을 올린 후 한 번 더 다림질을 해 접착시킵니다.

7 아플리케 원단의 테두리에 올풀림 방지액을 발라줍니다.

8 실 3줄을 꿴 바늘과 1줄을 꿴 바늘을 각각 준비합니다.

9 아플리케 원단의 테두리를 3줄짜리 실로 가리면서 카우칭 스티치로 수놓습니다.

10 원단 뒤에서 매듭지어 마무리합니다.

🔖 **Tip**   카우칭 스티치로 아플리케를 고정해줄 때 최대한 준비한 원단과 비슷한 색상의 실을 사용해주세요. 작품 도안에서 소개하는 카우칭 스티치의 실 번호는 참고만 해도 괜찮습니다. 아플리케용 원단도 표기된 것과 다른 색을 사용해도 좋아요.

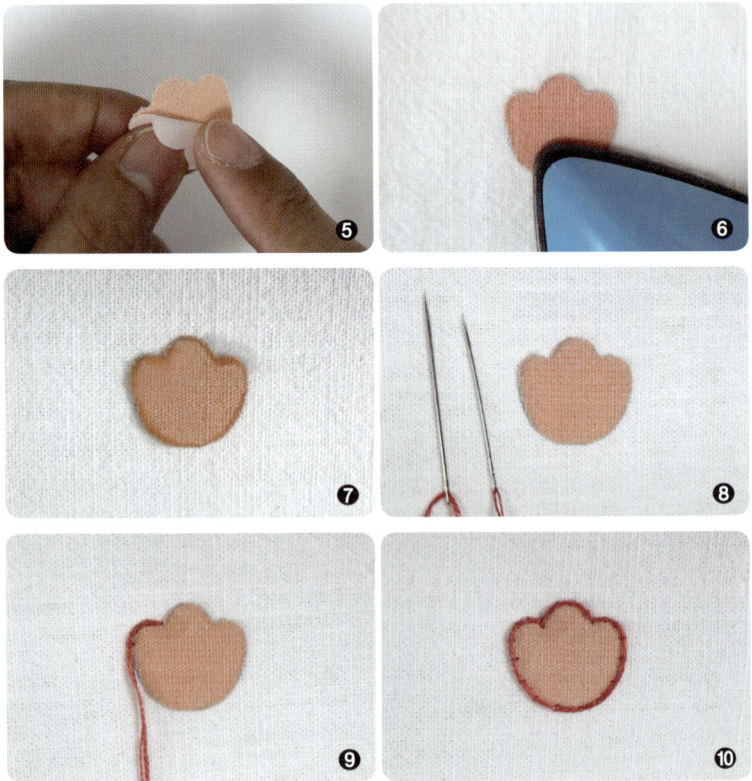

크리스마스 트리 포스터

크리스마스가 다가온다는 이유 하나만으로

12월은 한 달 내내 설레는 것 같아요.

크리스마스를 기다리는 동안 두근거리는 마음을 담아

트리를 수놓아보는 건 어떠세요?

12가지 다양한 디자인을 알려드릴 테니

취향에 맞는 트리 몇 개만 골라서 따라해도 좋아요.

각각 다른 스티치 기법을 적용했기에 자수 포스터를 완성하면

여러 가지 스티치 기법을 자연스레 터득할 수 있을 거예요.

preparation
준비하기

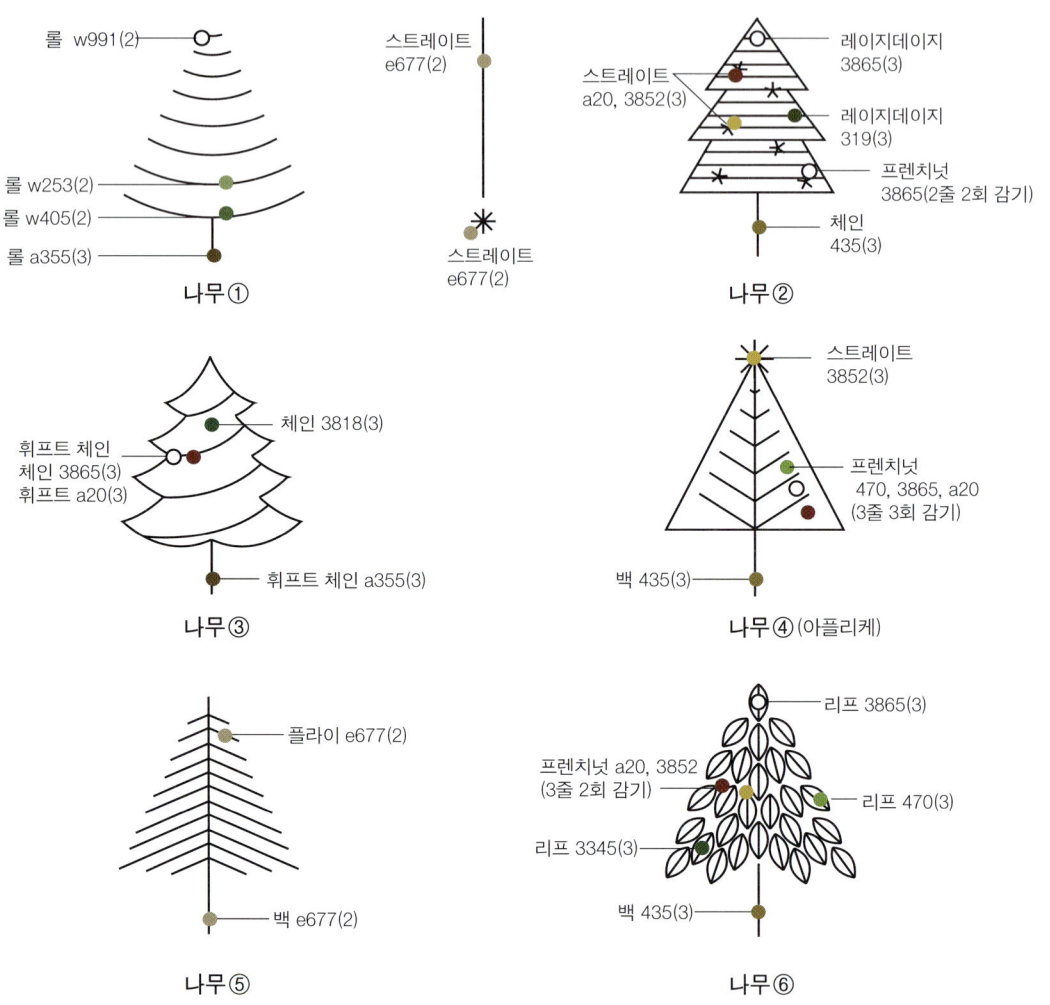

스티치	자수실			추가 준비물
스트레이트, 아웃라인	● 319	● 435	● 470	펠트지 3가지(초록색 계열)
백, 체인, 휘프트 체인	● 937	● 3345	● 3818	빳빳한 접착 심지
프렌치넛, 새틴, 플라이	● 3852	○ 3865	● a20	끈 2개(10cm)
리프, 피스틸	● a355	● w253	● w405	비즈(금색)
레이지데이지, 롤	○ w991	● e677		투명실

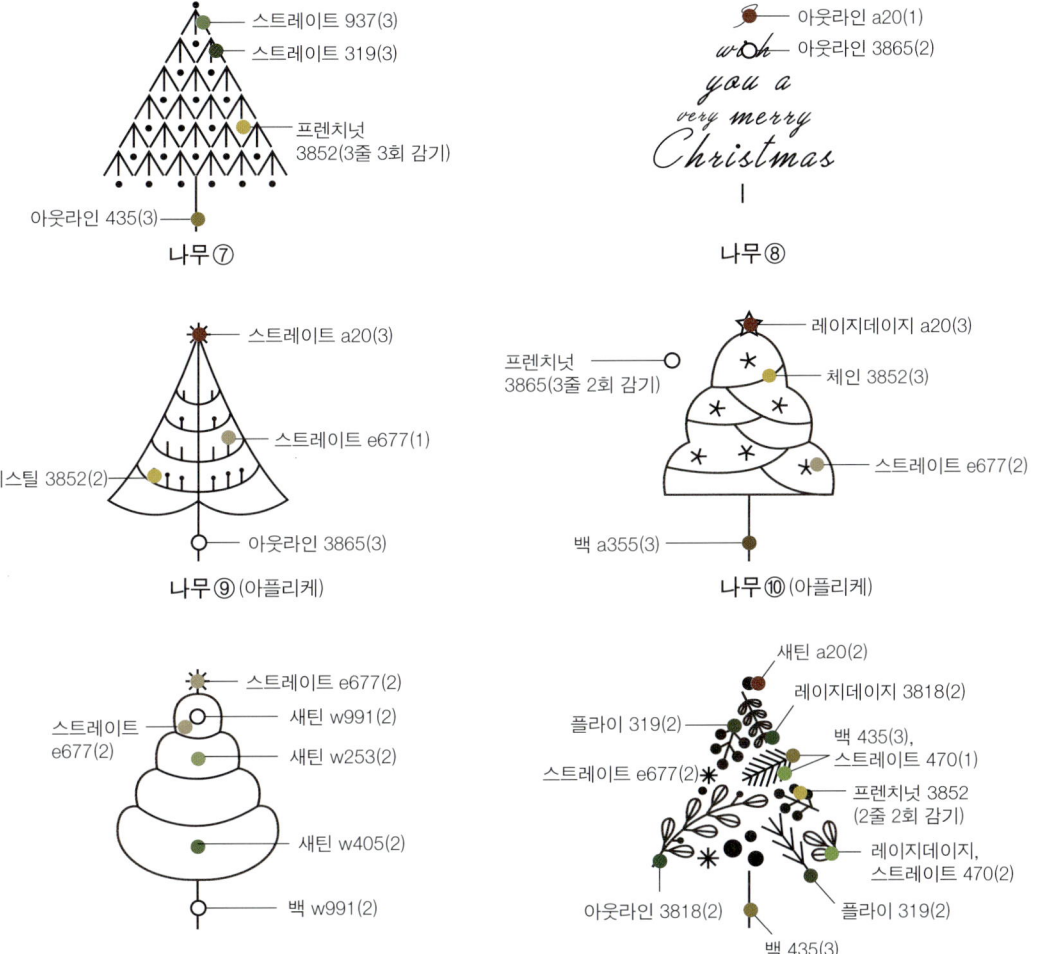

embroidery
수놓기

1. 원단 먹지를 이용해 도안을 원단에 옮깁니다. 크기가 커서 도안을 옮기는 데 오래 걸리므로 사방을 잘 고정해두고 쉬어가며 그려주세요. 아플리케해 줄 부분은 자리 표시만 해둡니다. 다 그린 후 원단 사방에 5cm 정도의 여백을 두고 잘라주세요. 올이 자연스럽게 풀리도록 미리 잘라놓습니다.

2. 수틀을 끼우고 나무 ①의 도안선을 따라 아래쪽부터 w405번사와 w253번사를 번갈아가며 롤 스티치로 수놓습니다. 좌우로 2~3번 왔다 갔다 하며 꼼꼼히 채워주세요.

3. 사이사이 빈칸은 w991로 롤 스티치하고, 나무 기둥도 롤 스티치합니다.

4. 나무 ②는 칸의 크기대로 1줄 씩 레이지데이지 스티치합니다. 다음 칸을 작업할 때는 아랫줄 레이지데이지 땀의 윗 부분과 살짝 겹치게 수놓습니다.

5. 트리 위에 쌓인 눈도 레이지데이지 스티치로 표현합니다.

6. 나무 기둥은 체인 스티치로 표현합니다. 프렌치넛 스티치로 쌓인 눈 아래에 포인트를 줍니다.

7. 나무 ③은 트리의 꼭대기부터 시작하여 왼쪽 대각선 방향으로 체인 스티치를 진행해 주세요. 중간중간 도안의 대각선에 맞춰서 3865번사로 체인 스티치한 후 이 선을 a20번사로 감아 휘프트 체인 스티치합니다. 나무 기둥도 휘프트 체인 스티치로 수놓습니다.

8 나무 ⑤는 도안선을 따라 플라이 스티치합니다. 양쪽을 다 채워준 후 백 스티치로 나무 기둥을 수놓습니다.

9 나무 ⑥은 리프 스티치로 각각의 잎을 수놓고, 백 스티치로 나무 기둥을 표현합니다.

10 나무 ⑦은 도안선을 따라 스트레이트로 수놓습니다. 나무 기둥은 아웃라인 스티치 2줄로 두께감 있게 표현합니다.

11 나무 ②, ⑥, ⑦에 스트레이트와 프렌치넛 스티치로 포인트를 줍니다.

12 나무 ⑧의 레터링 부분은 아웃라인 스티치로 수놓습니다.

13 나무 ⑪은 세 가지 색깔의 울사를 이용하여 새틴 스티치로 면을 채워줍니다. 면을 다 수놓으면 e677번사를 이용하여 흰색 면에 스트레이트로 자유롭게 포인트를 줍니다.

14 지금까지 진행한 다양한 스티치를 활용해 나무 ⑫를 수놓고 기둥은 백 스티치합니다.

15 초록색 계열의 펠트지 3장에 흰색 먹지를 이용하여 도안을 옮깁니다.

16 도안의 테두리를 따라 가위로 자른 후 원단과 비슷한 색의 실 3줄을 이용해 짧은 스트레이트로 각각의 원단 위치(나무④, ⑨, ⑩)에 고정합니다. 이때 땀의 간격은 1cm 정도로 유지합니다.

17 나무 ④는 펠트지 위에 백 스티치로 나뭇가지를 표현하고 공간 사이사이에 프렌치넛 스티치를 수놓습니다. 꼭대기는 스트레이트로 장식합니다.

18 나무 ⑨는 펠트지 위에 아웃라인 스티치로 선을 표현하고 중간중간 피스틸 스티치를 수놓습니다. 꼭대기는 스트레이트로 장식합니다.

19 나무 ⑩은 펠트지 위에 체인 스티치로 선을 표현하고 레이지데이지 스티치로 꼭대기에 별을 만들어주세요. 나무 기둥은 백 스티치합니다.

20 나무 ⑪의 꼭대기 장식과 배경 여백의 선을 스트레이트로 수놓고 비즈를 달아줍니다. 나무 ⑨, ⑩의 빈 공간에도 e677번사를 이용해 스트레이트 포인트를 줘도 좋습니다.

application

포스터 만들기

1 수놓은 원단을 손세탁하고 다림질하여 준비합니다. 바늘 끝을 이용해 원단 테두리의 올을 자연스럽게 빼줍니다. 수놓으면서 올이 어느 정도 풀렸겠지만 더 자연스럽게 해주기 위해 원단 네 면의 올을 추가로 빼주는 작업입니다.

2 빳빳한 접착 심지와 흰색 끈을 준비합니다.

3 고리가 생기도록 끈을 반 접어 원단 뒷면과 심지 사이에 넣어준 후 다림질해 주세요. 위쪽 부분만 진행합니다.

4 고리 있는 크리스마스 포스터 완성입니다. 못에 걸어 연출할 수도 있고 고리 쪽에 테이프를 붙여 벽에 부착해도 됩니다.

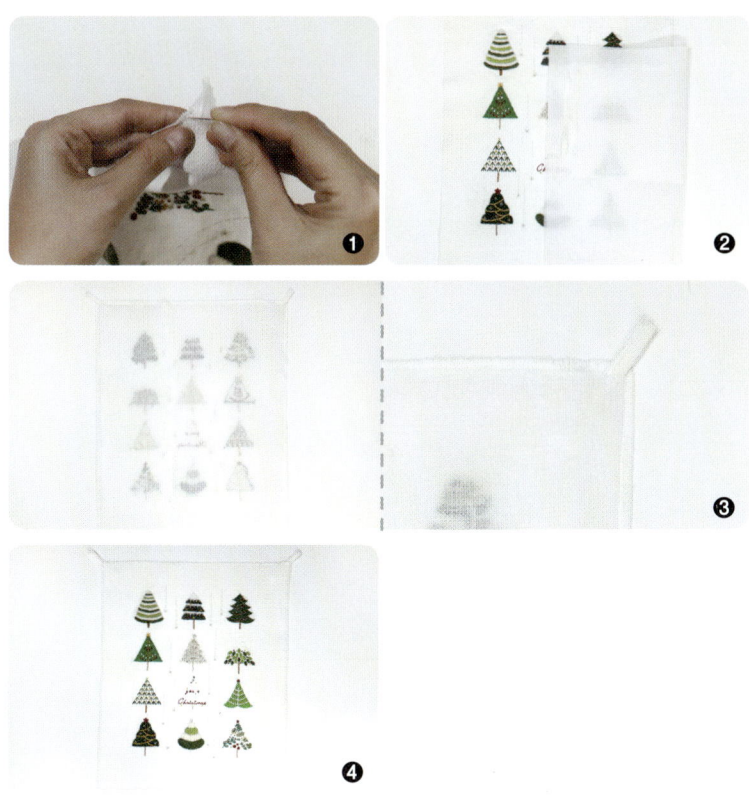

그린 하우스 에코백

기분 좋은 신선함이 느껴지는 작은 온실을

에코백에 수놓았어요. 식물이 가득한 온실에 앉아

선선한 바람을 쐬는 장면을 상상하며 디자인한 것이랍니다.

복잡한 일상 속에 소소한 온기를 전해주는 가방이 되길 바라요.

에코백은 좋아하는 색으로 골라 취향껏 완성해보세요.

preparation

준비하기

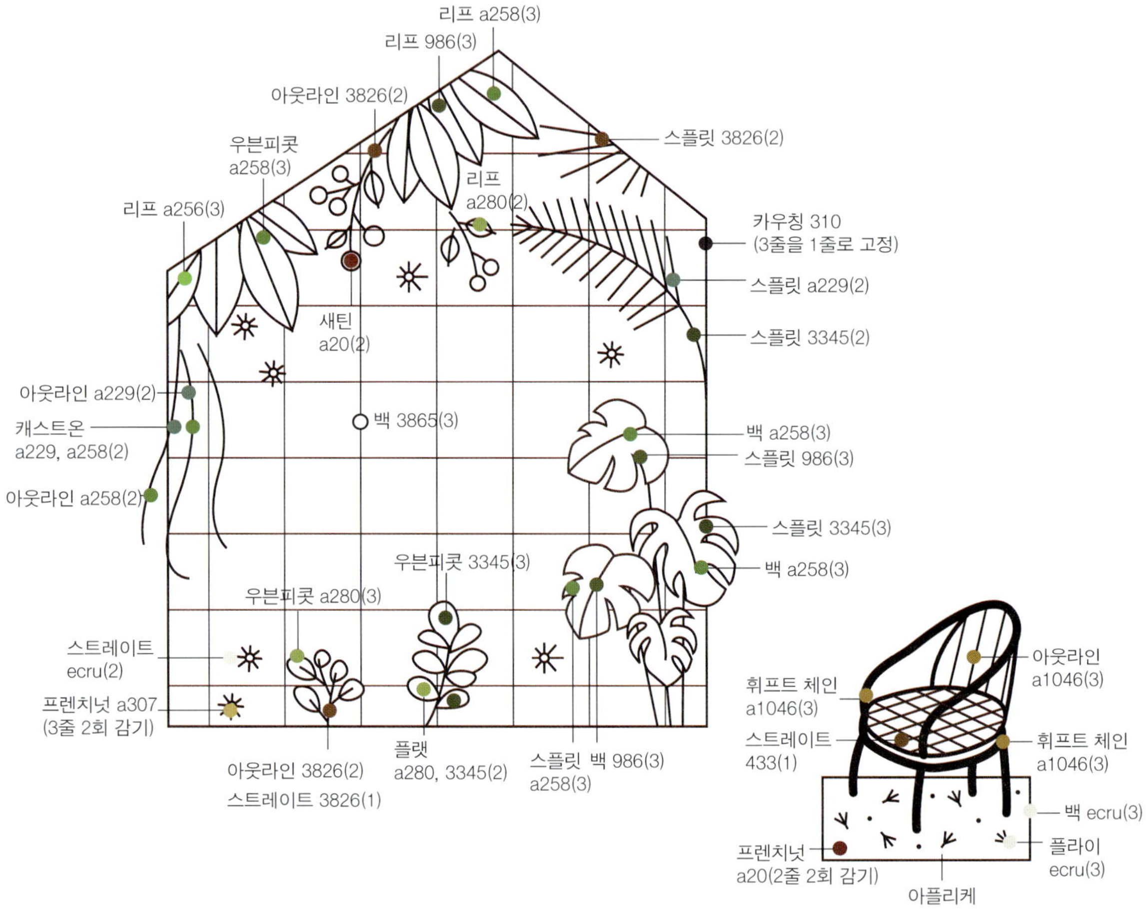

리프 a258(3)
리프 986(3)
아웃라인 3826(2)
우븐피콧 a258(3)
리프 a280(2)
스플릿 3826(2)
리프 a256(3)
카우칭 310 (3줄을 1줄로 고정)
스플릿 a229(2)
새틴 a20(2)
스플릿 3345(2)
백 3865(3)
아웃라인 a229(2)
백 a258(3)
캐스트온 a229, a258(2)
스플릿 986(3)
아웃라인 a258(2)
스플릿 3345(3)
백 a258(3)
스트레이트 ecru(2)
우븐피콧 a280(3)
우븐피콧 3345(3)
프렌치넛 a307 (3줄 2회 감기)
플랫 a280, 3345(2)
스플릿 백 986(3) a258(3)
아웃라인 3826(2)
스트레이트 3826(1)
휘프트 체인 a1046(3)
아웃라인 a1046(3)
스트레이트 433(1)
휘프트 체인 a1046(3)
백 ecru(3)
프렌치넛 a20(2줄 2회 감기)
플라이 ecru(3)
아플리케

스티치	자수실			추가 준비물
스트레이트, 아웃라인	ecru	● 310	● 433	아플리케용 원단(노란색 계열)
백, 휘프트 체인, 프렌치넛	● 986	● 3345	● 3826	올풀림 방지액
새틴, 플랫, 플라이	○ 3865	● a20	● a229	양면 접착 심지
스플릿, 리프, 캐스트온	● a256	● a258	● a280	에코백
우븐피콧, 카우칭	● a307	● a1046		

embroidery

수놓기

1. 원단 먹지를 이용해 배경 원단과 아플리케용 원단에 각각 온실, 깔개 도안을 옮깁니다.

2. 깔개를 그린 원단 뒤에 양면 접착 심지를 붙이고 도안의 테두리를 따라 자른 후 온실 도안 위의 해당 위치에 맞게 붙여줍니다.

3. 수틀을 끼우고 테두리 안쪽 선을 따라 백 스티치한 후 패턴들을 플라이 스티치, 프렌치넛 스티치로 수놓아주세요. 깔개 원단 테두리의 올들이 자연스럽게 풀릴 수 있도록 백 스티치 바깥쪽을 배경 원단에서 떼어주세요.

4. 의자의 테두리를 휘프트 체인 스티치로 수놓습니다. 가운데 두꺼운 부분은 먼저 체인 스티치를 위아래로 2줄 해준 후 2줄을 한 번에 휘프트 체인 스티치합니다.

5. 의자의 나머지 부분을 아웃라인 스티치로 수놓고 앉는 부분은 라탄 느낌을 내기 위해 스트레이트를 교차해 수놓습니다.

6. 몬스테라의 잎은 스플릿 스티치로 수놓고 가운데 잎맥은 백 스티치합니다. 오른쪽 잎 1장은 남겨둡니다.

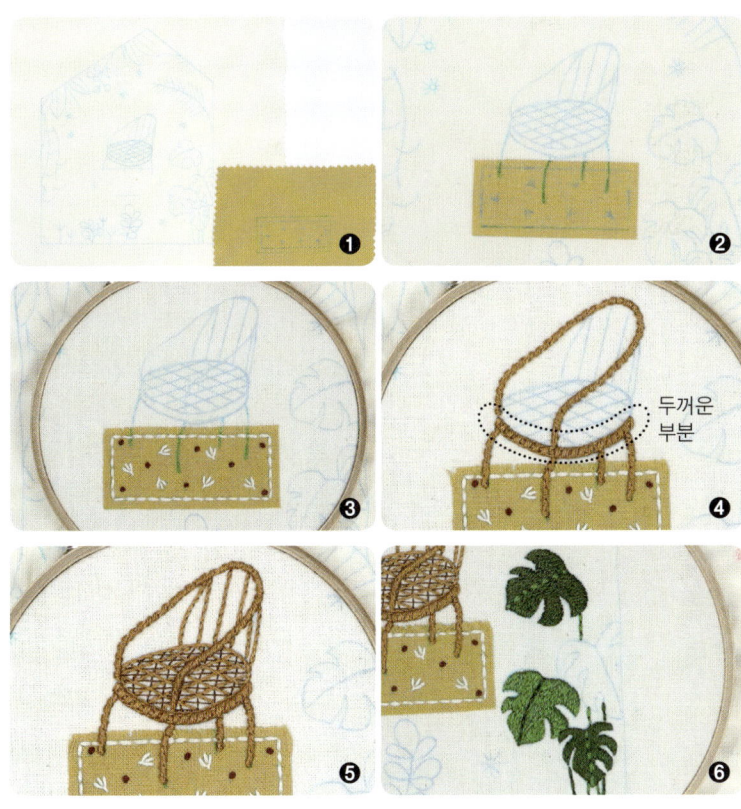

7 키 작은 화초는 플랫 스티치로 수놓고 줄기는 아웃라인 스티치와 스트레이트로 표현합니다.

8 선으로만 표현되는 식물들을 아웃라인과 스플릿 스티치로 수놓습니다.

9 온실 천장의 잎들을 리프 스티치합니다. 가운데 열매는 새틴 스티치하고 나뭇가지는 아웃라인 스티치로 수놓습니다.

10 수틀을 뺀 후 다림질하여 수틀 자국을 펴줍니다. 수성펜으로 사진과 같이 1.5cm 간격의 칸을 그려주세요.

application

에코백 만들기

1. 에코백에 수놓은 자수를 올려줄 위치를 표시한 후 온실 밖으로 삐져나오게 될 도안을 마저 그려줍니다.
2. 온실 자수에 양면 접착 심지를 붙인 후 수놓은 부분을 자르지 않게 조심하며 도안의 테두리를 따라 자릅니다. 에코백에 표시된 위치에 맞춰 붙여줍니다.
3. 남겨뒀던 몬스테라의 잎 1장을 스플릿 스티치로 채워주고 백 스티치로 가운데 잎맥을 표현합니다.
4. 카우칭 스티치로 온실의 테두리를 막아준 후 왼쪽 넝쿨 1줄을 아웃라인 스티치로 수놓습니다.
5. 바둑판 무늬를 백 스티치하고 온실에 떠다니는 흰색 꽃들의 수술은 프렌치 넛 스티치로, 꽃잎은 스트레이트로 수놓습니다.
6. 넝쿨의 잎은 캐스트온 스티치로 자연스럽게 수놓고 우븐피콧 스티치로 바닥과 천장에 있는 잎들에 포인트를 주면 완성입니다.

태양계 포스터

아플리케의 매력은 같은 도안이라도 어떤 원단을 덧대느냐에 따라

개성 넘치는 작품을 완성할 수 있다는 거예요.

소개하는 태양계 포스터는

태양과 8개의 행성들을 모두 다른 색깔의 원단으로

아플리케 해 화려한 우주의 모습을 표현한 것이 특징이에요.

벽걸이 포스터로 만들어 집에 걸어두면

아이들이 바라볼 때마다 멋진 상상의 나래를 펼칠 수 있을 거랍니다.

준비하기

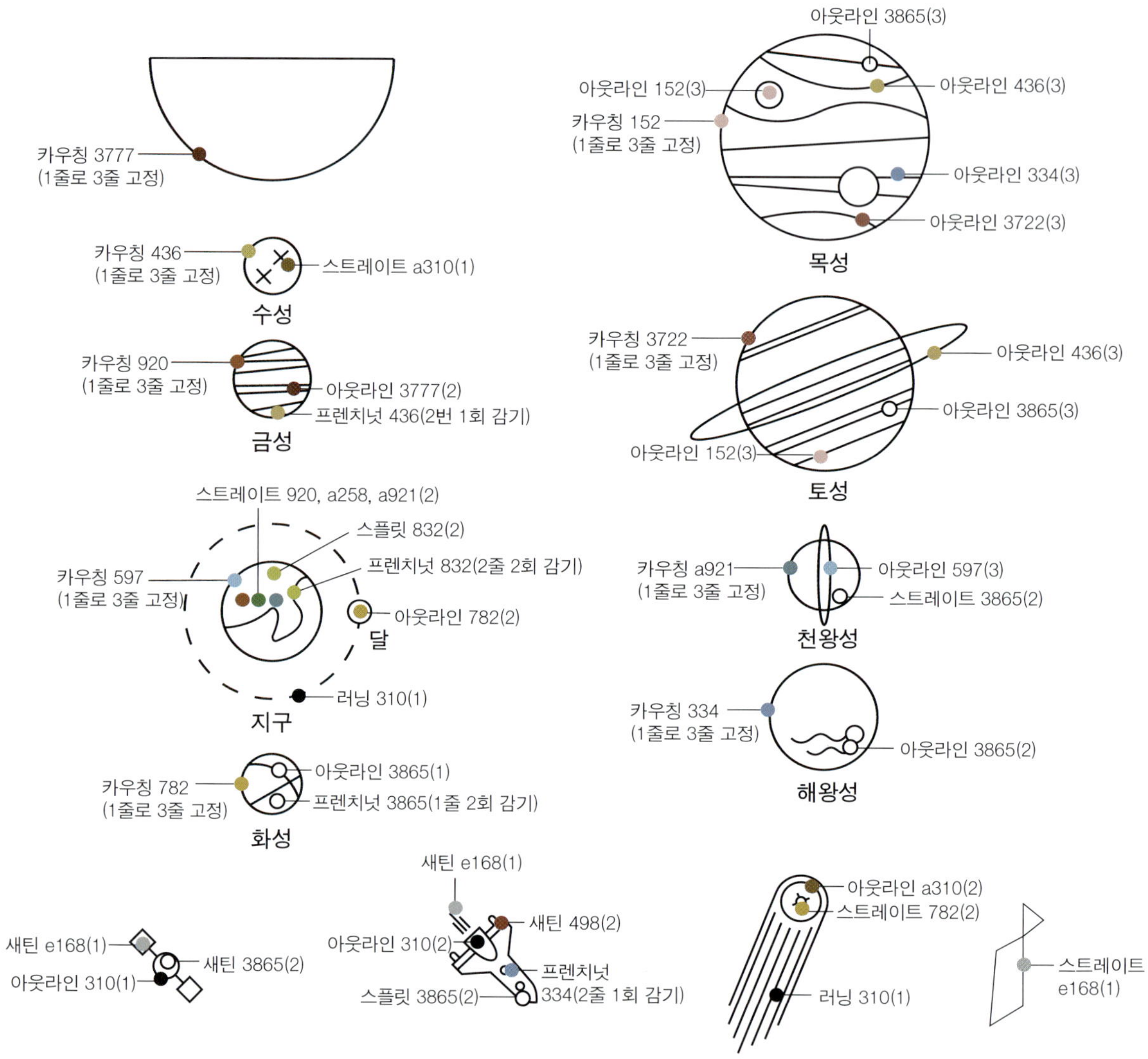

preparation

목성
- 아웃라인 3865(3)
- 아웃라인 152(3)
- 아웃라인 436(3)
- 카우칭 152 (1줄로 3줄 고정)
- 아웃라인 334(3)
- 아웃라인 3722(3)

수성
- 카우칭 3777 (1줄로 3줄 고정)
- 카우칭 436 (1줄로 3줄 고정)
- 스트레이트 a310(1)

금성
- 카우칭 920 (1줄로 3줄 고정)
- 아웃라인 3777(2)
- 프렌치넛 436(2번 1회 감기)

토성
- 카우칭 3722 (1줄로 3줄 고정)
- 아웃라인 436(3)
- 아웃라인 3865(3)
- 아웃라인 152(3)

지구
- 스트레이트 920, a258, a921(2)
- 스플릿 832(2)
- 프렌치넛 832(2줄 2회 감기)
- 카우칭 597 (1줄로 3줄 고정)
- 아웃라인 782(2)
- 달
- 러닝 310(1)

천왕성
- 카우칭 a921 (1줄로 3줄 고정)
- 아웃라인 597(3)
- 스트레이트 3865(2)

해왕성
- 카우칭 334 (1줄로 3줄 고정)
- 아웃라인 3865(2)

화성
- 카우칭 782 (1줄로 3줄 고정)
- 아웃라인 3865(1)
- 프렌치넛 3865(1줄 2회 감기)

- 새틴 e168(1)
- 아웃라인 310(1)
- 새틴 3865(2)
- 새틴 e168(1)
- 아웃라인 310(2)
- 새틴 498(2)
- 프렌치넛 334(2줄 1회 감기)
- 스플릿 3865(2)
- 아웃라인 a310(2)
- 스트레이트 782(2)
- 러닝 310(1)
- 스트레이트 e168(1)

스티치	자수실			추가 준비물
스트레이트, 러닝	● 152	● 310	● 334	올풀림 방지액
아웃라인, 프렌치넛	● 436	● 498	● 597	양면 접착 심지
새틴, 스플릿	● 782	● 832	● 920	양면 접착 심지 테이프
비즈 달기, 카우칭	● 3722	● 3777	○ 3865	실크 접착 심지
	● a258	● a310	● a921	금속봉, 끈
	● e168			비즈, 투명실

포스터 전개도
(211쪽 과정 1 참고)

단위: cm

embroidery
수놓기

1. 원단 먹지를 이용해 전체 도안을 원단에 옮깁니다. 필요한 원단의 크기는 가로 25cm, 세로 41cm이므로 참고해서 준비해 주세요. 아플리케해 줄 행성들은 각각의 도안을 색깔이 다른 조각 원단에 옮깁니다.

2. 행성들을 아플리케하기 전에 흰색의 로켓과 위성, 별자리 같은 간단한 것들을 표기된 스티치 기법에 따라 먼저 표현합니다.

3. 접착 심지를 각 행성 원단들의 뒷면에 붙인 후 테두리를 따라 원단을 잘라주고 전체 도안의 각 위치에 붙여줍니다. 아플리케용 원단 테두리에 올풀림 방지액을 발라주는데, 원단에 용액이 한번 닿으면 잘 지워지지 않고 원단의 색이 달라지니 테두리에만 살짝 닿도록 주의하세요.

4. 올풀림 방지액이 완전히 마르면 테두리들을 카우칭 스티치합니다.

5. 수성, 금성은 스트레이트와 아웃라인, 프렌치넛 스티치로 수놓고 지구는 스플릿 스티치로 육지를 채워주고 프렌치넛 스티치로 작은 섬을 표현합니다. 달은 아웃라인 스티치로 수놓고 달의 궤도는 러닝 스티치로 표현합니다.

6. 나머지 행성들도 도안에 표기된 기법대로 스트레이트, 아웃라인, 프렌치넛 스티치를 이용해 수놓습니다.

7. 운석을 수놓고 러닝 스티치로 지나가는 흔적을 표현합니다. 별자리의 각 꼭지점에 비즈를 달고, 배경 곳곳에도 달아 포인트를 줍니다.

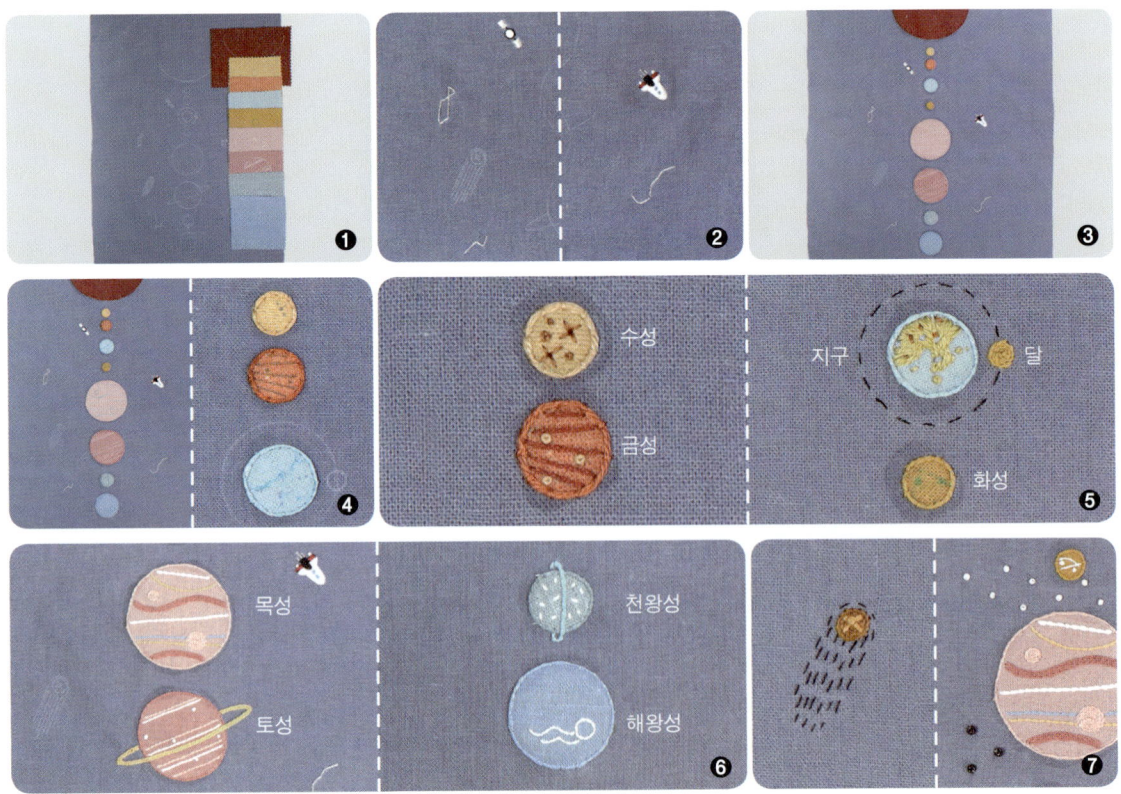

application

포스터 만들기

1. 수놓은 원단을 손세탁하고 다림질하여 준비합니다. 포스터 전개도(209쪽 참고)를 수성펜으로 그린 후 테두리를 따라 자릅니다.
2. 뒷면에 실크 심지를 붙인 후 봉이 들어갈 윗부분을 1cm 접어 다림질하고 다시 3.5cm 접어 다려줍니다. 나머지 테두리 세 곳은 1cm 접어 다림질하고 다시 1cm 접어 다려줍니다. 헷갈린다면 전개도를 참고해 주세요.
3. 접은 부분의 원단 아래로 양면 접착 심지 테이프를 적당한 크기로 잘라 넣고 다리미로 꾹꾹 눌러줍니다. 이때, 봉이 들어갈 윗부분은 남기고 나머지 테두리 세 곳만 붙여줍니다.
4. 봉이 들어갈 윗부분은 태양 도안의 맨 윗선과 맞춰서 배경 원단과 비슷한 색의 실 3줄로 박음질(22쪽)합니다.
5. 나무봉이나 금속봉 등 원하는 막대를 넣어 행잉 포스터를 완성하세요.

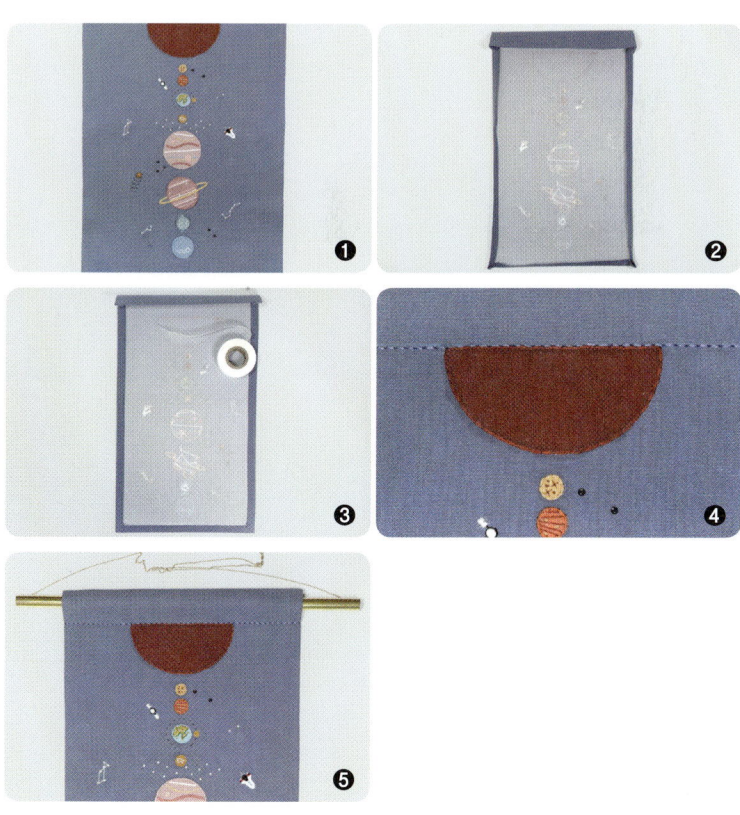

편안한 침실 액자

집에서 어떤 공간을 가장 좋아하시나요?

저는 침실 한 쪽, 좋아하는 것들로

가득 채운 공간을 가장 좋아해요.

이사 갈 때마다 평생 데려가고픈 푹신한 소파, 딱 적절한 명도의 조명,

부드러운 러그와 향긋한 화병이 있는 곳이지요.

어느 날 문득 이 공간을 수놓아 액자에 담아보고 싶었어요.

좋아하는 물건이 하나 더 더해진 공간,

제겐 최고로 멋진 안식처랍니다.

preparation
준비하기

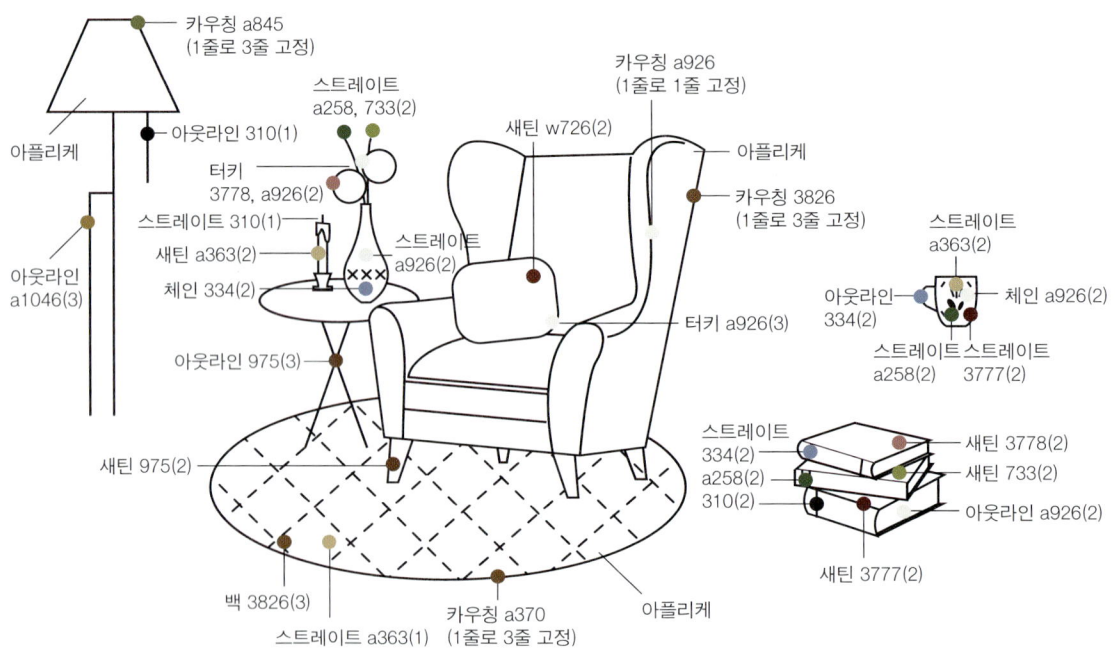

스티치	자수실			추가 준비물
스트레이트, 아웃라인,	● 310	● 334	● 733	아플리케용 원단(3가지)
백, 체인,	● 975	● 3777	● 3778	올풀림 방지액
새틴, 비즈 달기,	● 3826	● a258	● a363	양면 접착 심지
터키, 카우칭	● a370	● a845	● a926	비즈, 투명실
	● a1046	● w726		액자

embroidery
수놓기

1. 원단 먹지를 이용해 일반 원단과 아플리케용 원단에 각각 전체 도안과 스탠드, 소파, 러그 도안을 옮깁니다.
2. 아플리케할 원단 뒤에 양면 접착 심지를 붙이고 도안의 테두리를 따라 자른 후 전체 도안의 각 위치에 붙여줍니다. 아플리케 원단 테두리에 올풀림 방지액을 골고루 발라줍니다.
3. 아플리케 원단 위에 위치할 책 도안을 새틴, 아웃라인 스티치로 수놓습니다. 책 등에 스트레이트로 포인트를 줍니다.
4. 러그와 소파의 테두리를 카우칭 스티치합니다.
5. 쿠션은 여러 칸으로 나눠 사선으로 새틴 스티치를 수놓고, 소파에 그린 도안선을 따라 실 1줄로 카우칭 스티치합니다.
6. 소파의 다리는 새틴 스티치하고, 러그의 패턴은 백 스티치와 긴 땀의 스트레이트로 수놓습니다. 길게 스트레이트 할 때는 원단 뒤에서 실을 바짝 당겨줘야 수틀을 빼도 헐렁해지지 않습니다.

7   스탠드의 선들을 아웃라인 스티치하고, 탁자는 아웃라인 스티치로 수놓습니다.

8   촛대는 새틴 스티치하고 화병과 머그컵은 체인 스티치로 수놓습니다. 화병과 머그컵의 포인트 패턴은 스트레이트로 표현합니다.

9   a926번사 3줄로 터키 스티치를 해 쿠션의 태슬을 표현합니다. 화병의 나뭇 잎은 스트레이트하고, 그 밑 부분에 터키 스티치로 꽃을 표현합니다.

10 스탠드의 줄과 꽃의 수술, 소파의 등받이 부분에 비즈를 달아주고 마무리합니다.

application
액자 만들기

갖고 있는 액자에 넣기만 하면 완성입니다. 수틀에 끼운채 그대로 완성해도 됩니다.

커피를 부르는 수틀 액자

주위 사람들 모두가 알 정도로 저는 커피 애호가예요.

커피뿐만 아니라 원두, 머신, 컵 등

커피와 관련한 모든 아이템에 관심이 많아요.

그래서 꼭 한 번 홈 카페를 주제로 자수를 해보고 싶었어요.

제가 애정하는 홈카페 아이템들을

아기자기하게 수놓아 수틀 액자를 완성했답니다.

찬장 위에 놓인 수틀 액자를 바라보며 마시는 커피 한 잔은

유독 향긋하게 느껴집니다.

preparation

준비하기

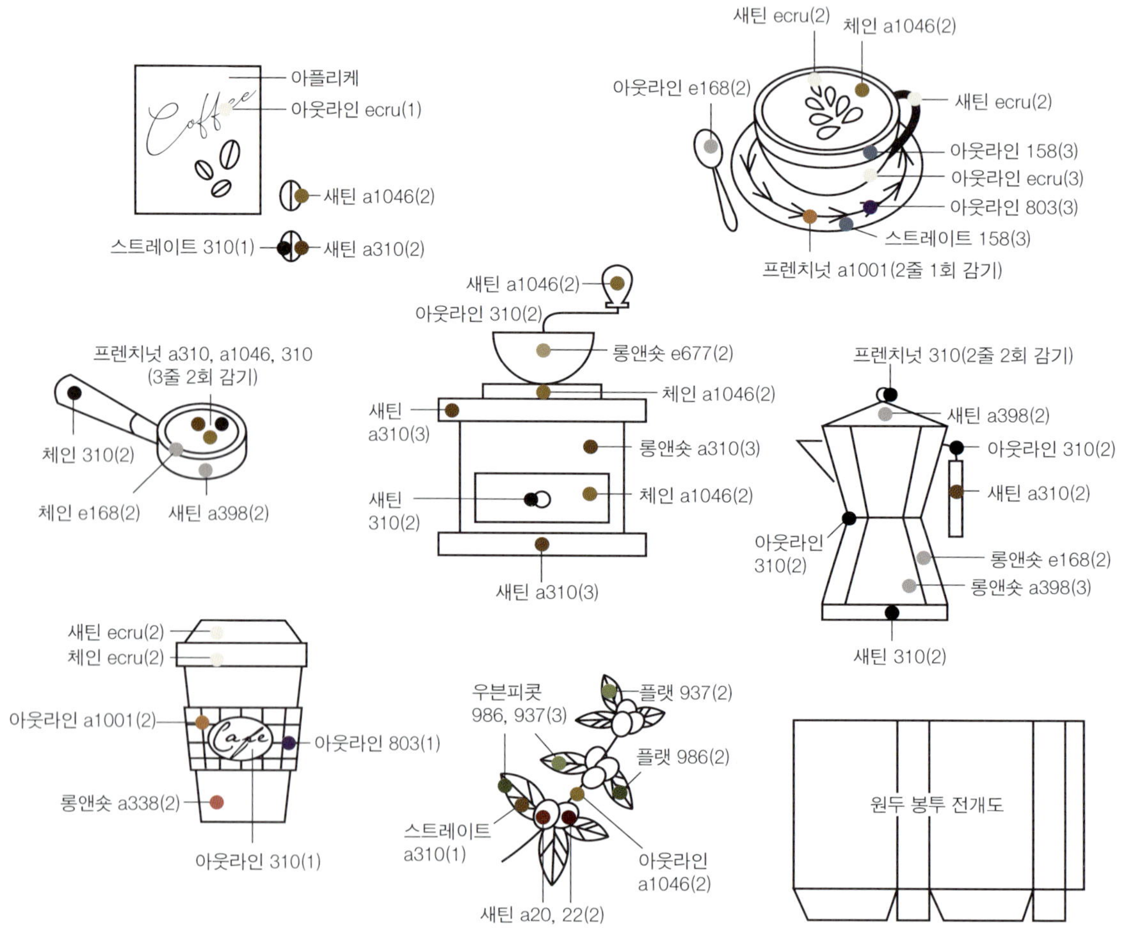

아플리케
아웃라인 ecru(1)
새틴 a1046(2)
스트레이트 310(1)
새틴 a310(2)

새틴 ecru(2)
체인 a1046(2)
아웃라인 e168(2)
새틴 ecru(2)
아웃라인 158(3)
아웃라인 ecru(3)
아웃라인 803(3)
스트레이트 158(3)
프렌치넛 a1001(2줄 1회 감기)

프렌치넛 a310, a1046, 310 (3줄 2회 감기)
체인 310(2)
체인 e168(2)
새틴 a398(2)

새틴 a1046(2)
아웃라인 310(2)
롱앤숏 e677(2)
체인 a1046(2)
새틴 a310(3)
롱앤숏 a310(3)
새틴 310(2)
체인 a1046(2)
새틴 a310(3)

프렌치넛 310(2줄 2회 감기)
새틴 a398(2)
아웃라인 310(2)
새틴 a310(2)
롱앤숏 e168(2)
롱앤숏 a398(3)
아웃라인 310(2)
새틴 310(2)

새틴 ecru(2)
체인 ecru(2)
아웃라인 a1001(2)
아웃라인 803(1)
롱앤숏 a338(2)
아웃라인 310(1)

우븐피콧 986, 937(3)
플랫 937(2)
플랫 986(2)
스트레이트 a310(1)
아웃라인 a1046(2)
새틴 a20, 22(2)

원두 봉투 전개도

스티치	자수실			추가 준비물
스트레이트, 아웃라인	ecru	22	158	아플리케용 원단
체인, 프렌치넛	310	803	937	사각 수틀
새틴, 플랫	986	a20	a310	원단용 풀, 올풀림 방지액
롱앤숏, 비즈 달기	a338	a398	a1001	크래프트지, 비즈(갈색)
우븐피콧	a1046	e168	e677	투명실

embroidery

수놓기

1. 원단 먹지를 이용해 도안을 원단에 옮깁니다. 커피 봉투를 아플리케해 줄 자리는 표시만 해둡니다.
2. 커피 그라인더의 작은 서랍과 위의 좁은 면은 체인 스티치로 채우고 넓은 면은 롱앤숏 스티치로 채웁니다. 새틴 스티치로 나머지 공간을 수놓습니다. 위의 둥근 그릇 부분은 사진과 같이 맨아래 가운데 부분부터 롱앤숏 스티치를 시작합니다.
3. 원두를 담는 그릇 부분은 롱앤숏 스티치로 채우고 손잡이는 새틴 스티치를 반복해 입체감을 줍니다. 그 사이는 아웃라인 스티치로 연결합니다.
4. 컵의 위쪽부터 아래쪽 순으로 아웃라인 스티치합니다.
5. 컵 안의 커피를 체인 스티치로 수놓고 아웃라인 스티치로 테두리를 수놓습니다. 수성펜으로 커피 위에 올라갈 폼의 도안을 그려줍니다.
6. 폼과 컵 손잡이는 새틴 스티치를 반복해 입체감을 주고 컵 받침에 프렌치넛 스티치로 무늬를 수놓습니다. 티스푼을 아웃라인 스티치합니다.
7. 오목한 스쿱 부분의 옆면은 새틴 스티치하고 손잡이 부분은 체인 스티치합니다.
8. 커피포트는 롱앤숏 스티치로 채워줍니다.
9. 포트의 나머지 부분은 새틴 스티치하고 선들은 아웃라인 스티치합니다. 뚜껑은 프렌치넛 스티치로 표현합니다.

10 커피 열매와 잎을 새틴과 플랫 스티치로 수놓고 가지는 아웃라인 스티치합니다.

11 나머지 잎을 우븐피콧 스티치로 입체적으로 표현한 후 a310번사 1줄을 바늘에 꿰어 우븐피콧한 잎 뒤쪽에서 빼내 스트레이트로 잎맥을 표현합니다.

12 테이크아웃잔 뚜껑은 새틴과 체인 스티치로, 컵은 롱앤숏 스티치로 채워줍니다.

13 컵홀더는 아웃라인 스티치로 채운 후 아웃라인 스티치로 체크 무늬를 새겨줍니다. 레터링은 아웃라인 스티치합니다.

14 원단 먹지를 이용해 원두 봉투 도안을 아플리케용 원단에 옮깁니다.

15 아웃라인 스티치로 레터링 자수를 수놓습니다. 원두는 새틴 스티치로 채운 후 가운데 부분에 스트레이트 1줄로 포인트를 주세요.

16 크래프트지에 원두 봉투 전개도를 옮겨 그린 후 테두리를 따라 잘라줍니다.

17 전개도대로 접어 풀로 붙여주고 아플리케용 원단도 크기대로 잘라 테두리에 올풀림 방지액을 발라둡니다.

18 과정 7의 스쿱 안에 프렌치넛 스티치를 수놓아 원두를 표현합니다. 주변에 과정 15와 같은 기법으로 원두를 수놓습니다.

application

수틀 액자 만들기

1. 수놓은 원단을 손세탁하고 다림질하여 준비합니다.
2. 원단용 풀로 원두 봉투 위에 아플리케용 원단을 붙이고 봉투 입구를 멋스럽게 접어줍니다.
3. 원단을 팽팽하게 당겨가며 사각 수틀에 끼운 후 비즈를 골고루 달아줍니다.
4. 원단용 풀로 원두 봉투를 원단 위에 붙여줍니다.
5. 남은 원단을 수틀 뒤로 넘겨 원단용 풀로 붙여주면 완성입니다.

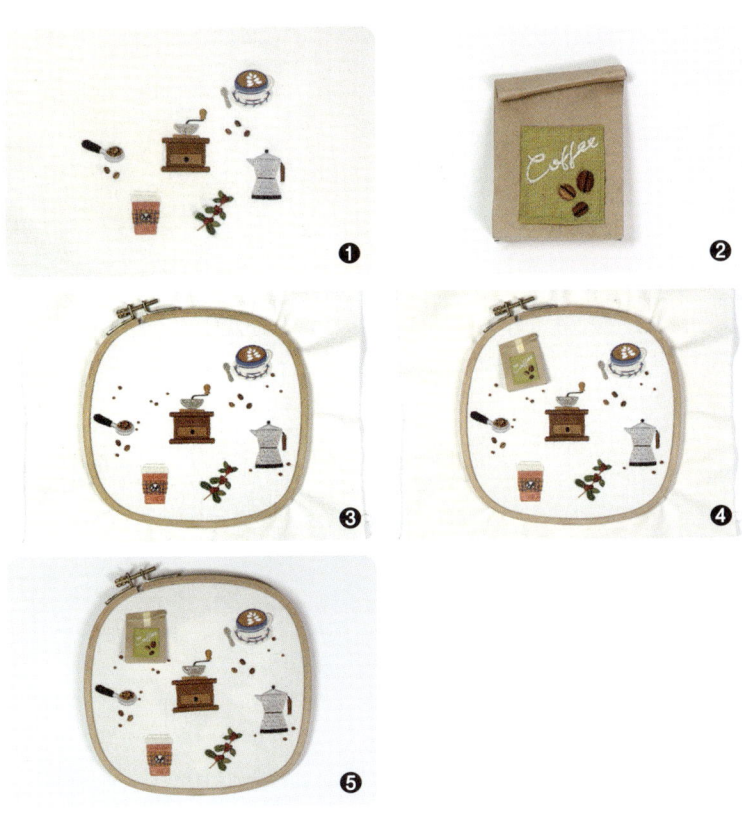

작업실 풍경
자수 도구함

자수를 취미로 삼은 후 이런저런 짐들이 계속 늘어나

나만의 작업실을 갖고 싶단 생각이 들었어요.

작업실이라 이름 붙이기엔 부끄럽지만 작은방을 꾸며

자수에 집중할 수 있는 공간을 만들어보았답니다.

어느 날 문득 작업하던 책상을 바라보는데

그 모습을 수놓아 자수 도구함을 만들어보고 싶더라고요.

수틀을 활용하면 어떨까 하는 아이디어도 더했더니

더 의미 있는 도구함이 탄생했답니다.

준비하기

preparation

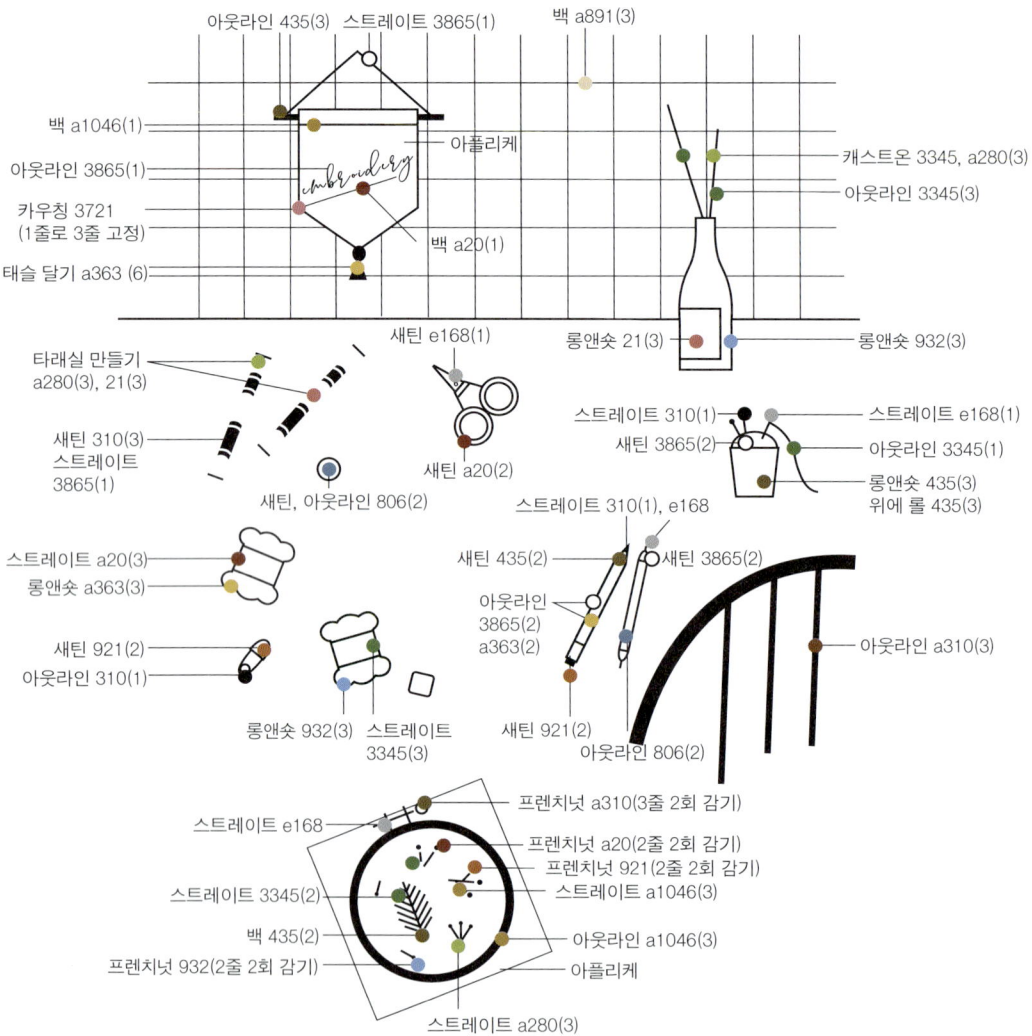

스티치	자수실			추가 준비물
스트레이트, 아웃라인	● 21	● 310	● 435	수틀 2개(21cm)
백, 프렌치넛	● 806	● 921	● 932	배경 원단 2가지, 아플리케용 원단
새틴, 롱앤숏	● 3345	● 3721	○ 3865	주머니용 원단, 원단용 풀
비즈 달기, 캐스트온	● a20	● a280	● a310	올풀림 방지액, 양면 접착 심지
롤, 태슬 달기	● a363	● a891	● a1046	펠트지, 지퍼(70cm), 비즈
카우칭	● e168			투명실

embroidery
수놓기

1. 4가지 원단을 준비하고 원단 먹지를 이용해 도안을 옮깁니다. 노란색 원단에는 작업실 벽면을, 넉넉한 크기의 흰색 원단에는 작업실 책상을, 아플리케용 원단에는 수틀과 가랜드 도안을 옮깁니다.

2. 수틀을 끼우고 아웃라인과 새틴 스티치로 펜과 의자 등받이를 수놓습니다. 연필 끝은 스트레이트로 표현합니다.

3. 가위는 새틴 스티치로 채워줍니다. 핀쿠션의 몸통 부분은 롱앤숏 스티치, 두 줄은 롤 스티치, 쿠션 부분은 새틴 스티치로 표현한 후 스트레이트로 꽂힌 핀들을 수놓습니다. 아웃라인 스티치로 실을 표현합니다.

4. 타래실 도안의 양끝은 바늘에 실 3줄을 꿰어 헐거운 고리를 수놓습니다. 4~5회 반복해 풍성하게 만들어주세요. 중간 부분은 스트레이트로 4~5줄 수놓습니다. 보빈은 롱앤숏 스티치합니다.

5. 타래실의 라벨 부분은 실의 끝부분들을 덮으며 새틴 스티치하고 스트레이트로 포인트를 줍니다. 보빈에 감겨있는 실은 스트레이트로 표현합니다.

6. 나머지 작은 단추와 핀을 새틴과 아웃라인 스티치로 수놓고, 가운데 수틀 도안은 아플리케합니다.

7. 수틀 도안의 테두리는 아웃라인 스티치로, 나사 부분과 안쪽의 도안 부분은 스트레이트, 프렌치넛, 백 스티치로 수놓습니다.

8   벽면을 표현할 아플리케용 원단을 준비합니다.

9   과정 8의 도안 아랫부분을 자르지 말고 뒤쪽으로 접어 수놓아 둔 책상 원단 위에 원단용 풀로 붙여줍니다.

10 두 원단의 경계선에 있는 병을 세로 방향으로 롱앤숏 스티치하고, 병 라벨 부분은 가로 방향으로 롱앤숏 스티치합니다.

11 책상 원단과 단단하게 고정하기 위해 벽의 그리드 모양을 백 스티치합니다. 이때 가랜드를 아플리케 해줄 부분은 백 스티치로 다 채우지 않고 가랜드 테두리의 0.2cm 안쪽까지만 수놓아줍니다.

12 가랜드의 봉과 식물의 줄기는 아웃라인 스티치로 수놓고, 식물의 잎은 캐스트온 스티치를 이용해 입체적으로 표현합니다.

13 가랜드를 아플리케하는데, 이때 테두리는 카우칭 스티치로 고정해 주세요. 벽에 걸린 것처럼 보이도록 스트레이트로 끈 2개를 표현합니다.

14 아웃라인 스티치로 레터링 자수를 완성하고, 가랜드 봉 아래쪽과 레터링 자수 아래쪽을 백 스티치로 수놓습니다. 가랜드 끝 부분에 태슬을 달아 수놓기를 마무리합니다.

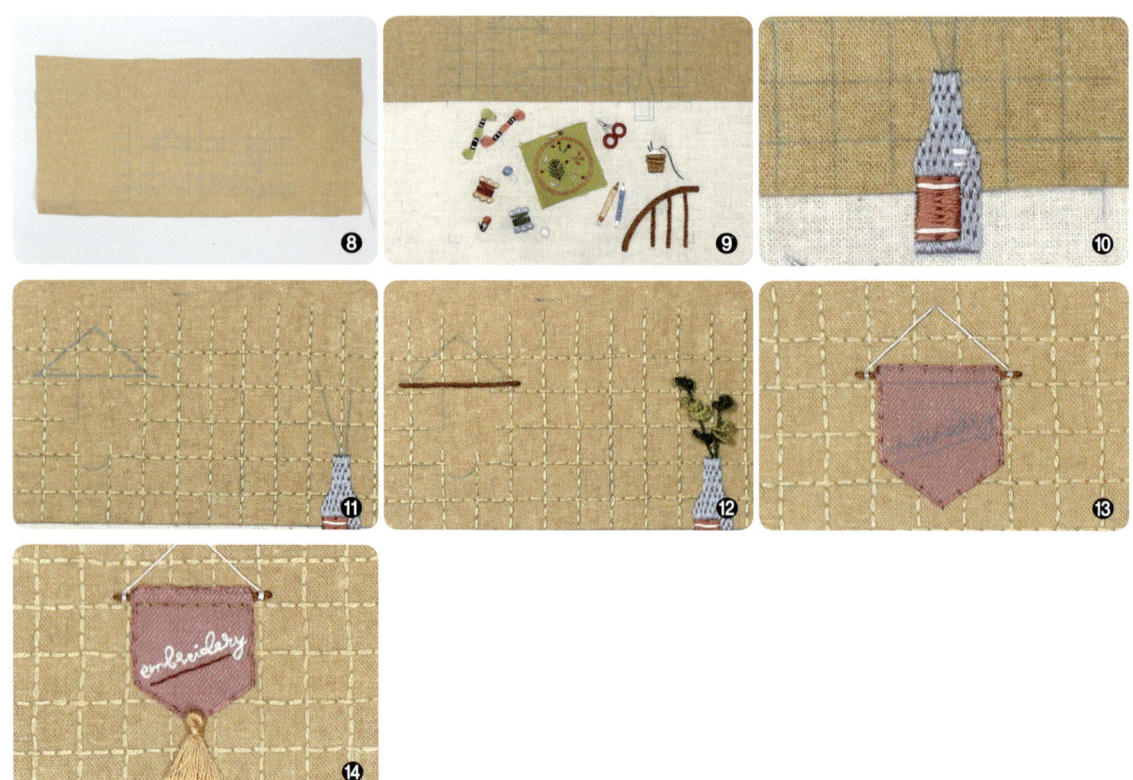

application 만들기

1. 수틀을 감쌀 만큼의 크기로 원단을 자르고 가운데에 14×14cm 크기의 정사각형을 그려줍니다. 가위로 안쪽에 작은 사각형 모양을 만들고 바깥으로 접을 수 있게 대각선 방향으로 가위집을 내줍니다.
2. 뒷면에 양면 접착 심지를 붙이고 가위집 낸 사방을 접어 붙인 후 접은 부분만 다려줍니다. 다른 부분이 붙지 않도록 조심해서 다림질합니다.
3. 뒤집어주세요. 앞에서 보면 14×14cm 크기의 창이 생겼습니다.
4. 갈색 원단의 접은 부분은 접착력이 없으니 수놓은 원단 사방에 양면 접착 심지를 붙여줍니다.
5. 위치를 잘 맞춰 두 원단을 붙인 후 다림질합니다. 수틀을 끼우고 테두리는 카우칭 스티치로 수놓습니다.
6. 자수함의 뒷면이 될 원단도 준비해 자유롭게 수놓습니다.

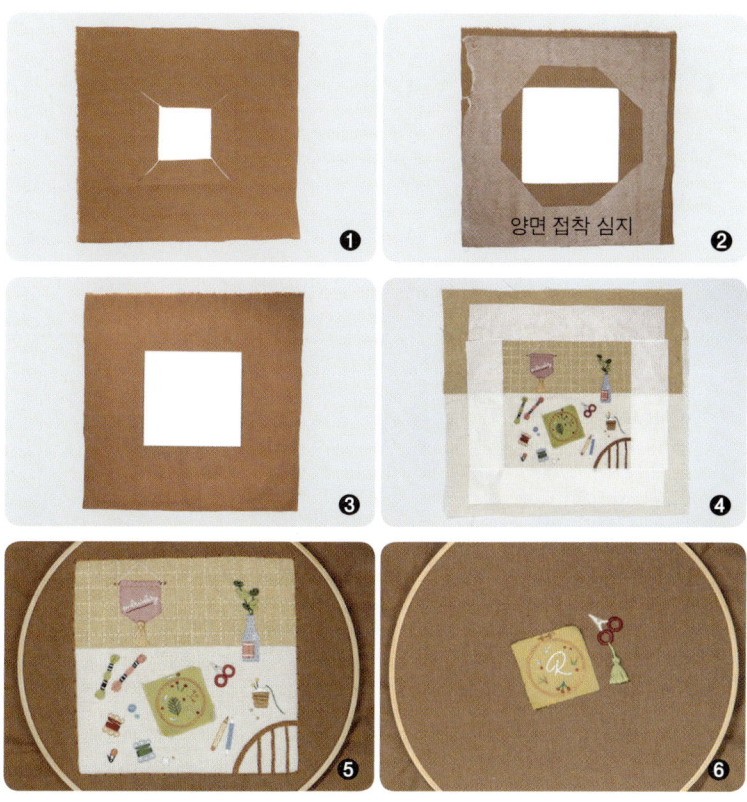

7   각각 수틀을 끼운 채 수틀보다 10cm 정도 큰 원으로 원단을 잘라주세요. 가장자리 원단을 수틀 뒤쪽으로 넘긴 후 원단용 풀로 잘 붙여줍니다.

8   주머니를 만들기 위해 펠트지에 수틀을 대고 안쪽 크기에 맞게 원을 그려 잘라줍니다. 총 2장 만들어주세요.

9   주머니용 원단 2장을 24×24cm 크기의 정사각형으로 자르고 각각 반을 접어 준비합니다.

10 펠트지 위에 반으로 접은 원단을 각각 올려 시침핀으로 고정하고 원의 테두리를 따라 박음질(22쪽)합니다. 둘 중의 하나는 가운데 박음질선 한 줄을 더 만들어 구역을 나눠줘도 좋습니다.

11 원단을 펠트지의 지름 크기보다 1cm 정도 큰 반원 모양으로 잘라주세요. 가장자리에 자잘한 가위집을 낸 후 뒤쪽으로 접어 원단용 풀로 붙여줍니다.

12 70cm 길이의 지퍼로 수틀의 둘레를 감아 넉넉한 길이로 잘라주세요. 남은 갈색 원단을 3.5cm 정도 두께로 잘라 지퍼의 앞뒷면을 둘러 감싼 후 길이를 정리합니다. 시침핀으로 원단과 지퍼가 겹치는 부분을 함께 고정합니다.

13 지퍼와 네모난 원단을 같이 공구르기(23쪽)하여 고정하고 지퍼의 남은 부분을 잘라냅니다.

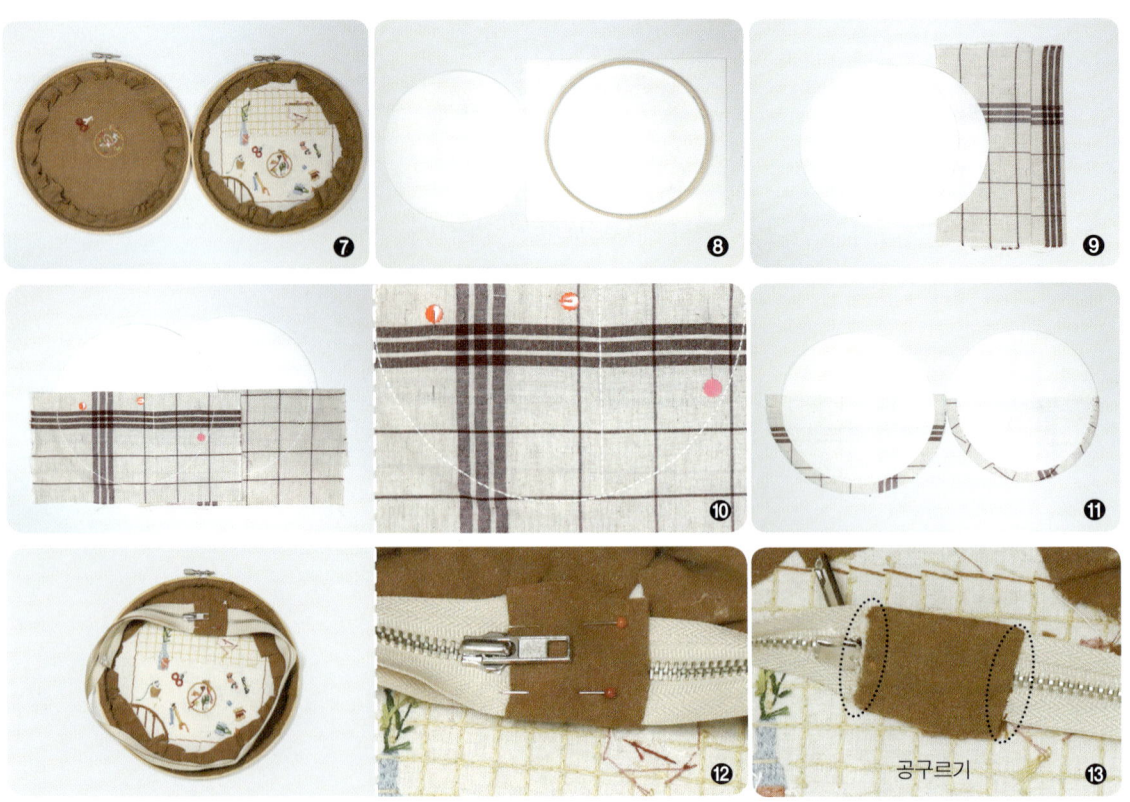

14 지퍼의 가운데 부분을 가이드라인 삼아 지퍼를 수틀에 끼워져 있는 원단과 공구르기합니다. 이때 지퍼를 너무 당기면서 수놓으면 나중에 공구르기하기 어려워지니 너무 힘을 주지 않도록 주의하세요.

15 한 면에 지퍼를 다 달았다면 수틀 나사의 중심을 잘 맞춰서 다른 수틀도 마저 공구르기해 지퍼를 달아줍니다.

16 과정 11의 주머니용 원단 펠트지 뒷면에 원단용 풀을 꼼꼼히 발라 수틀 안쪽에 붙여주세요.

17 완성된 자수 도구함의 모습입니다. 옆에서 봤을 때 입체감이 느껴집니다.

열두 달 꽃 액자

프랑스 자수를 시작하고 나서 여러 가지 생활의 변화를 느꼈는데,

가장 큰 변화는 꽃을 좋아하게 됐다는 거예요.

예전엔 금방 시드는 식물 정도로 생각했다면

이제는 길가의 작은 꽃만 봐도 걸음을 멈추고 한참 바라봐요.

'저 꽃은 무슨 꽃일까, 수놓으면 참 곱겠다' 이런 상상도 하고요.

열두 달 다른 시기에 각각 피고 지는 꽃들을

한 자리에 모아 보고 싶어 자수 액자를 만들었어요.

일 년 내내 활짝 핀 꽃들을 바라보니

일상에 늘 행복한 기운이 감도네요.

preparation
준비하기

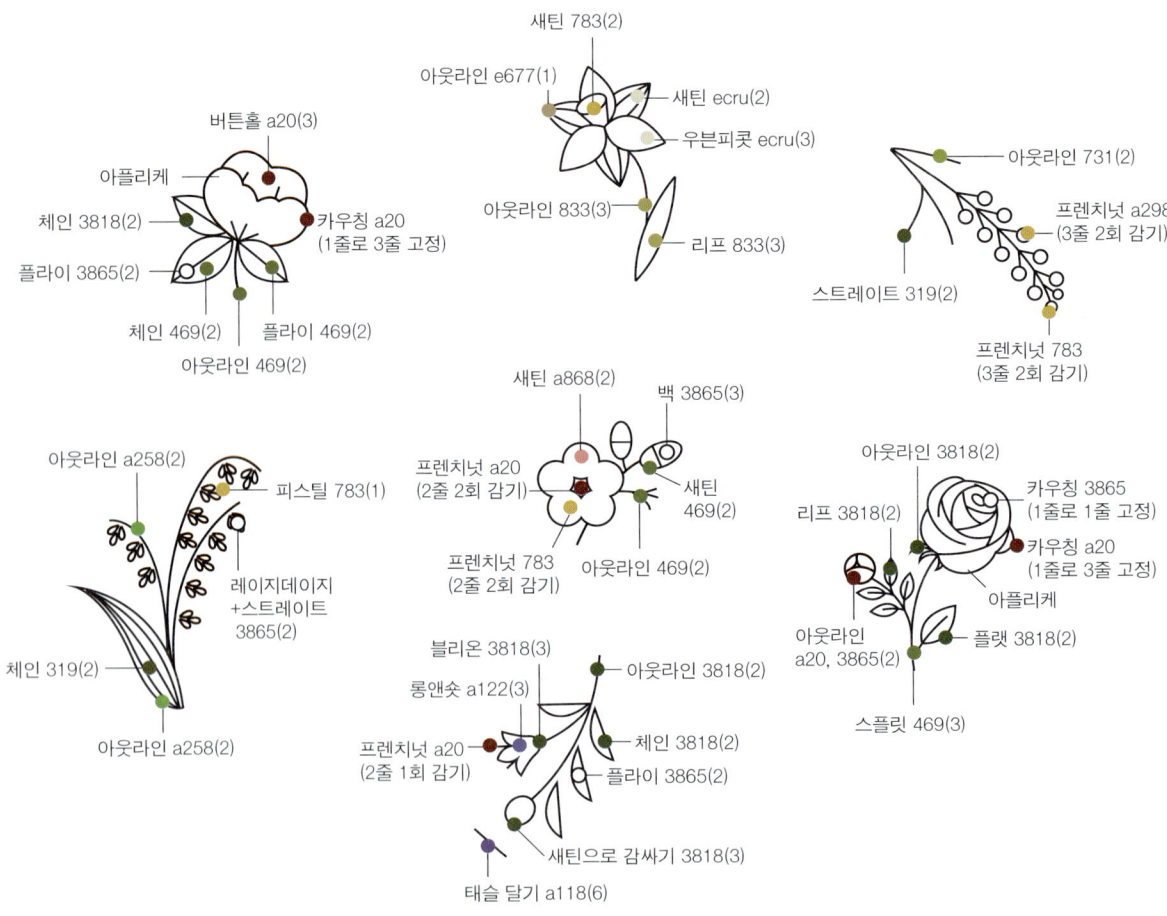

스티치

스트레이트, 러닝
아웃라인, 백
체인, 휘프트 체인
프렌치넛, 새틴
플랫, 플라이

스플릿, 리프
피스틸, 레이지데이지
버튼홀, 롱앤숏
블리온
블리온 레이지데이지

비즈 달기
캐스트온, 터키
우븐피콧, 롤
버튼홀 변형, 태슬 달기
카우칭, 아플리케

*책에서 배운 모든 스티치 기법이 사용되었습니다.

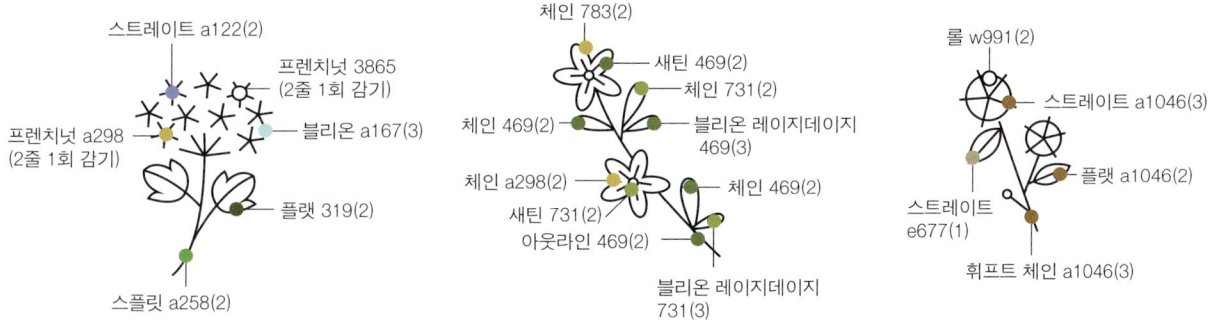

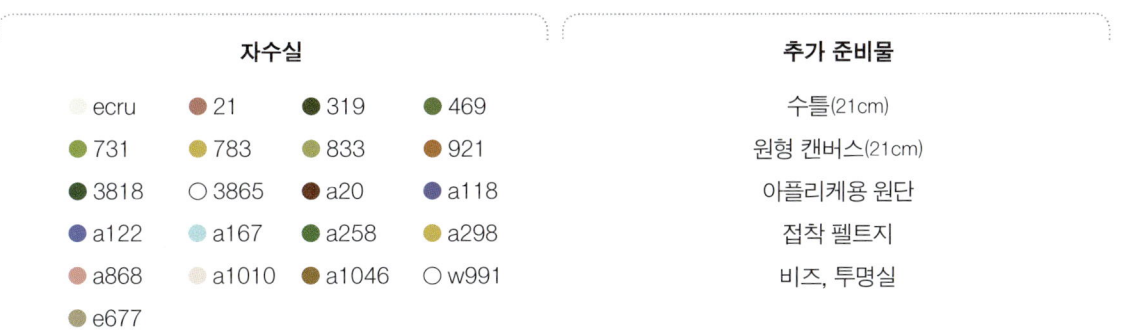

embroidery

수놓기

1. 배경 원단, 아플리케용 원단을 준비하고 원단 먹지를 이용해 흰색 원단에는 전체 도안을, 아플리케용 원단에는 장미꽃과 동백꽃 도안을 옮깁니다.

2. 동백꽃을 아플리케하고 꽃잎 위쪽을 버튼홀 스티치로 채워줍니다. 잎들은 체인, 잎맥은 플라이, 줄기는 아웃라인 스티치로 수놓아주세요. 꽃의 수술은 다양한 모양의 비즈를 이용해 표현합니다.

3. 수선화 꽃잎 3장은 새틴 스티치한 후 우븐피콧 스티치로 나머지 꽃잎 3장을 표현합니다. 가운데 노란 꽃잎은 새틴으로 채운 후 테두리를 둘러 비즈를 달아주세요. 꽃잎의 선과 줄기는 아웃라인 스티치하고 줄기 끝의 잎은 리프 스티치로 수놓습니다.

4. 은엽 아카시아의 노란 꽃잎은 프렌치넛 스티치와 비즈로 둥글게 채워주세요. 줄기는 아웃라인, 잎은 스트레이트로 수놓습니다.

5. 은방울 꽃의 잎과 줄기를 아웃라인 스티치하고 잎 사이사이 공간은 체인 스티치로 채워줍니다. 꽃은 레이지데이지에 스트레이트를 얹어서 표현하고 수술은 비즈와 피스틸 스티치로 만들어줍니다.

6. 벚꽃잎은 새틴 스티치한 후 프렌치넛 스티치로 수술을 수놓고, 줄기는 아웃라인 스티치합니다. 흰색 꽃봉오리는 백 스티치하고 새틴 스티치로 꽃받침을 만들어줍니다. 줄기 끝에 비즈를 달아주세요.

7 태슬을 만들어서 큰 보라색 꽃을 표현하고 작은 보라색 꽃은 롱앤숏 스티치로 수놓습니다. 작은 꽃의 꽃받침은 블리온, 줄기는 아웃라인, 잎은 체인과 플라이 스티치로 수놓습니다.

8 장미꽃을 아플리케한 후 테두리와 안쪽 선을 카우칭 스티치합니다. 작은 꽃봉오리는 아웃라인 스티치로, 작은 잎은 리프 스티치, 큰 잎은 플랫 스티치, 줄기는 스플릿 스티치로 수놓습니다. 비즈로 장식해도 좋습니다.

9 터키 스티치로 풍성한 라넌큘러스 2송이를 만들어주세요. 줄기는 아웃라인 스티치로 수놓고, 잎은 캐스트온 스티치를 여러 개 수놓아 연결하여 표현합니다. 가운데 수술은 비즈로 표현해 주세요.

10 스타티스 꽃은 버튼홀 변형 스티치로 단정하게 수놓고 꽃받침과 잎은 새틴과 플랫 스티치를 이용하여 표현합니다. 줄기와 잎의 테두리를 백 스티치로 정리한 후 비즈를 달아 수술을 만들어주세요.

11 블리온 스티치와 스트레이트를 이용해 수국의 꽃잎을 표현하고 각 꽃의 가운데 부분에 프렌치넛 스티치를 수놓습니다. 잎은 플랫 스티치, 줄기는 스플릿 스티치로 표현합니다.

12 시클라멘 꽃잎은 체인 스티치하고 가운데 부분에 새틴 스티치로 원을 만들어주세요. 스트레이트와 비즈로 수술을 표현하고, 줄기는 아웃라인, 잎은 체인과 블리온 레이지데이지 스티치로 표현합니다.

13 롤 스티치를 이용해 도톰한 원 모양을 만들고 사진처럼 스트레이트로 무늬를 수놓아 목화를 만들어주세요. 가지는 휘프트 체인 스티치하고 잎은 플랫 스티치로 수놓는데 가장자리에 실이 삐죽삐죽 나오게 표현해 실제 잎과 비슷하게 만들어주세요. e677 1줄로 잎에 스트레이트 포인트를 줍니다.

14 수틀 나사 부분에 네임택을 달아 멋스럽게 장식해보세요. 지름 21cm 크기의 큰 수틀을 끼우고 남은 원단은 뒤로 정리해 그대로 수틀 액자로 사용해도 좋습니다.

application

액자 만들기

1 입체 자수가 많으니 세탁 후 수틀에 팽팽하게 끼워 말려주세요. 원단은 수틀을 빼 자국이 난 상태로 준비합니다. 지름 21cm 크기의 원형 캔버스를 준비합니다.
2 수틀의 크기보다 5~6cm 넉넉한 크기의 원으로 원단을 잘라주세요.
3 실을 1m 정도로 길게 잘라 원단의 가장자리를 홈질(22쪽)합니다.
4 캔버스를 끼운 상태로 실을 팽팽하게 당겨가며 얼기설기 실을 교차해 단단히 고정합니다. 마지막에 실로 캔버스의 위쪽에 고리 하나를 만들어주세요.
5 캔버스 크기대로 접착 펠트지를 잘라 뒷면에 붙여 지저분한 실 부분을 가려줍니다.
6 뒤집으면 열두 달 꽃을 수놓은 액자 완성입니다.

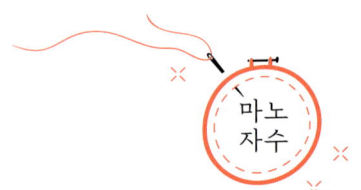

● 크리스마스 트리 포스터 _ p.192

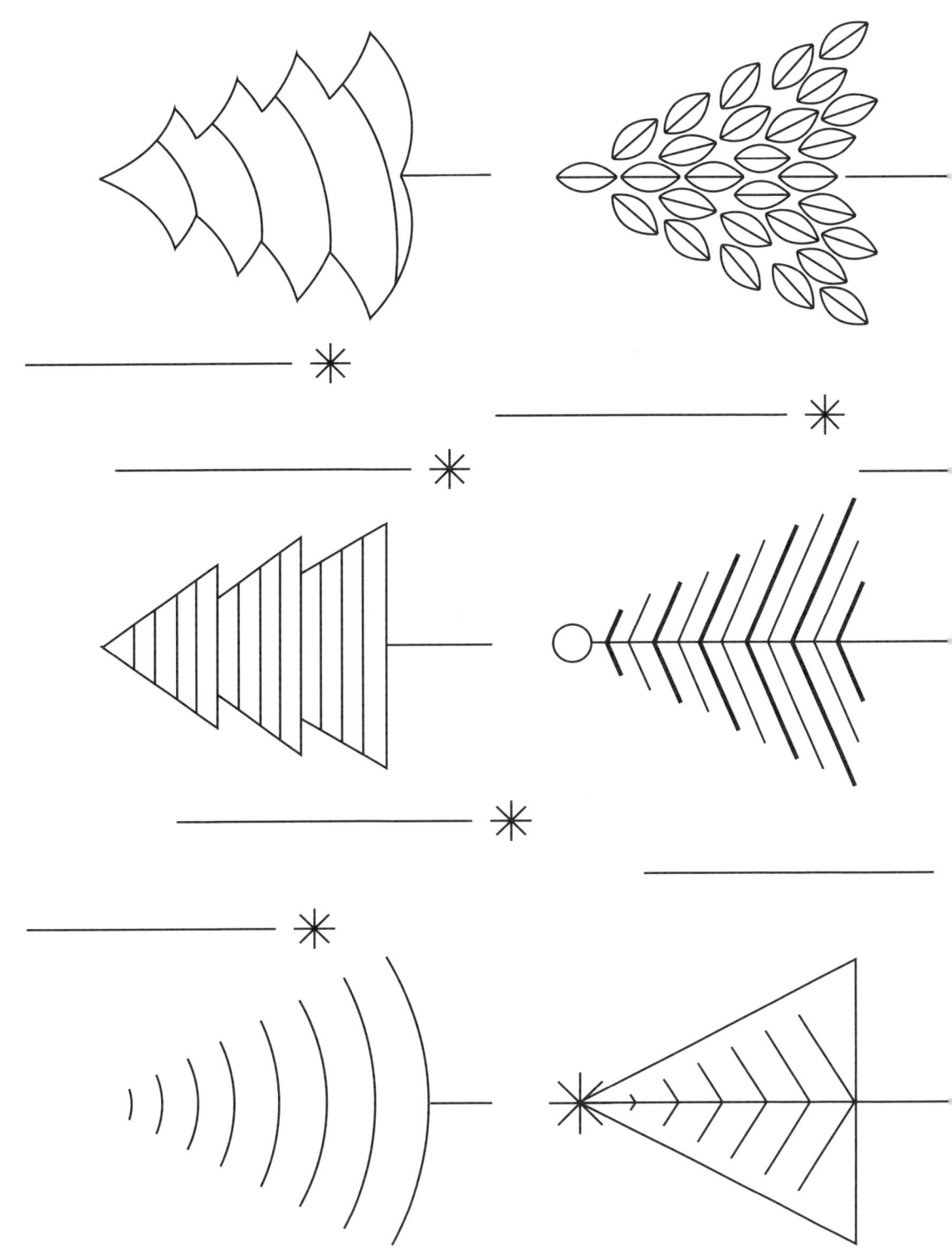

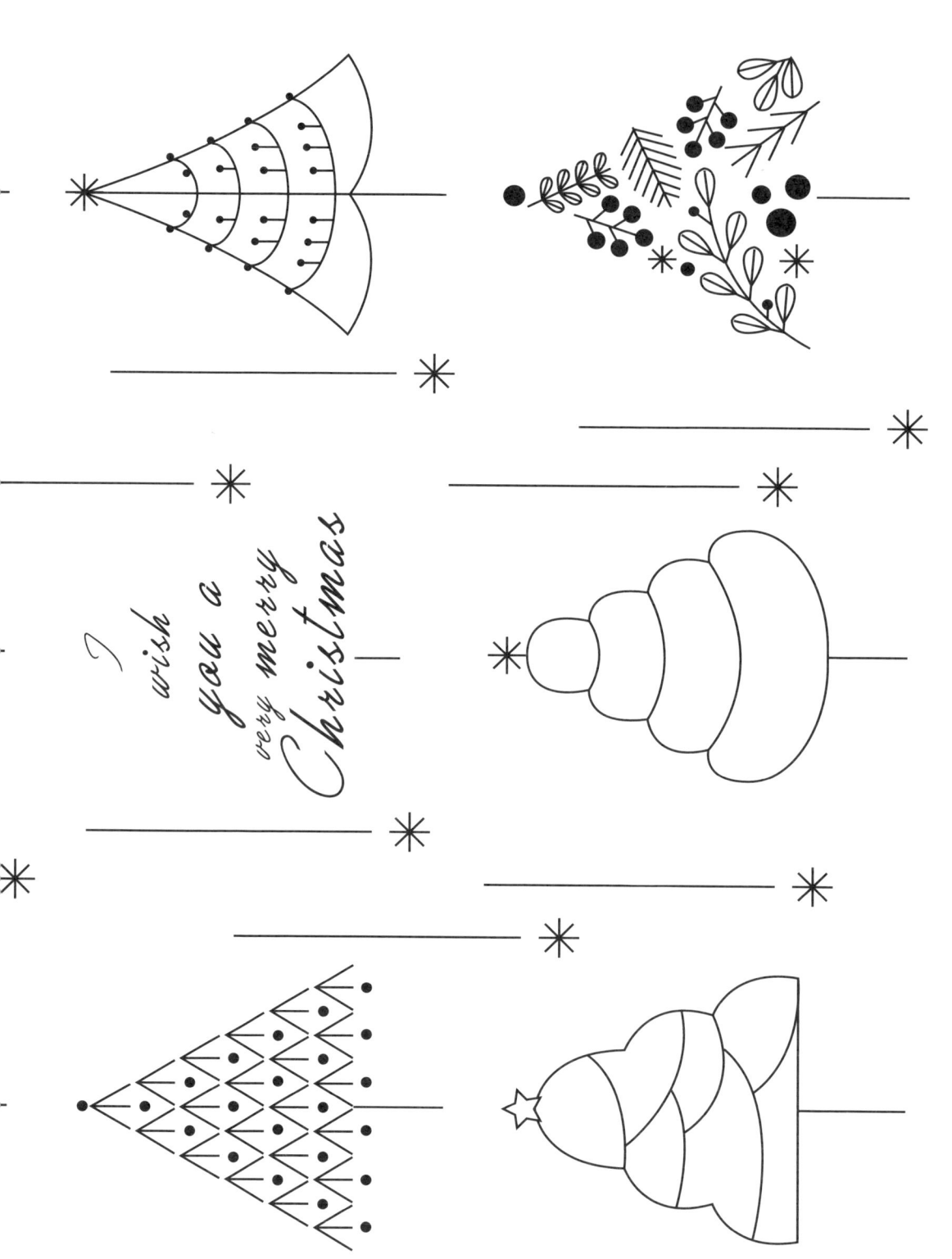

● 열두 달 꽃 액자 _ p.232